心一堂術數古籍珍本叢刊

書名：人心觀破術 附運命與天稟
系列：心一堂術數古籍珍本叢刊 相術類 第二輯 147
作者：【日本】管原如庵、加藤孤雁原著、【民國】唐真如譯
主編、責任編輯：陳劍聰
心一堂術數古籍珍本叢刊編校小組：陳劍聰 素聞 梁松盛 鄒偉才 虛白盧主

出版：心一堂有限公司
通訊地址：香港九龍旺角彌敦道六一〇號荷李活商業中心十八樓〇五—〇六室
深港讀者服務中心：中國深圳市羅湖區立新路六號羅湖商業大廈負一層〇〇八室
電話號碼：(852)67150840
網址：publish.sunyata.cc
電郵：sunyatabook@gmail.com
網店：http://book.sunyata.cc
淘寶店地址：https://shop210782774.taobao.com
微店地址：https://weidian.com/s/1212826297
臉書：https://www.facebook.com/sunyatabook
讀者論壇：http://bbs.sunyata.cc/

版次：二零一六年五月初版
平裝

港幣 一百二十八元正
定價：人民幣 一百二十八元正
新台幣 五百九十八元正

國際書號：ISBN 978-988-8317-20-2

香港發行：香港聯合書刊物流有限公司
地址：香港新界大埔汀麗路36號中華商務印刷大廈3樓
電話號碼：(852)2150-2100
傳真號碼：(852)2407-3062
電郵：info@suplogistics.com.hk

台灣發行：秀威資訊科技股份有限公司
地址：台灣台北市內湖區瑞光路七十六巷六十五號一樓
電話號碼：+886-2-2796-3638
傳真號碼：+886-2-2796-1377
網絡書店：www.bodbooks.com.tw
台灣國家書店讀者服務中心：
地址：台灣台北市中山區松江路二〇九號一樓
電話號碼：+886-2-2518-0207
傳真號碼：+886-2-2518-0778
網絡書店：http://www.govbooks.com.tw

中國大陸發行 零售：深圳心一堂文化傳播有限公司
深圳地址：深圳市羅湖區立新路六號羅湖商業大廈負一層〇〇八室
電話號碼：(86)0755-82224934

心一堂微店二維碼

心一堂淘寶店二維碼

心一堂術數古籍 珍本 整理 叢刊 總序

術數定義

術數，大概可謂以「推算（推演）、預測人（個人、群體、國家等）、事、物、自然現象、時間、空間方位等規律及氣數，並或通過種種『方術』，從而達致趨吉避凶或某種特定目的」之知識體系和方法。

術數類別

我國術數的內容類別，歷代不盡相同，例如《漢書・藝文志》中載，漢代術數有六類：天文、曆譜、五行、蓍龜、雜占、形法。至清代《四庫全書》，術數類則有：數學、占候、相宅相墓、占卜、命書、相書、陰陽五行、雜技術等，其他如《後漢書・方術部》、《藝文類聚・方術部》、《太平御覽・方術部》等，對於術數的分類，皆有差異。古代多把天文、曆譜、及部分數學均歸入術數類，而民間流行亦視傳統醫學作為術數的一環；此外，有些術數與宗教中的方術亦往往難以分開。現代民間則常將各種術數歸納為五大類別：命、卜、相、醫、山，通稱「五術」。

本叢刊在《四庫全書》的分類基礎上，將術數分為九大類別：占筮、星命、相術、堪輿、選擇、三式、讖諱、理數（陰陽五行）、雜術（其他）。而未收天文、曆譜、算術、宗教方術、醫學。

術數思想與發展——從術到學，乃至合道

我國術數是由上古的占星、卜筮、形法等術發展下來的。其中卜筮之術，是歷經夏商周三代而通過「龜卜、蓍筮」得出卜（筮）辭的一種預測（吉凶成敗）術，之後歸納並結集成書，此即現傳之《易

經》。經過春秋戰國至秦漢之際，受到當時諸子百家的影響、儒家的推崇，遂有《易傳》等的出現，原本是卜筮術書的《易經》，被提升及解讀成有包涵「天地之道（理）」之學。因此，《易・繫辭傳》曰：「易與天地準，故能彌綸天地之道。」

漢代以後，易學中的陰陽學說，與五行、九宮、干支、氣運、災變、律曆、卦氣、讖緯、天人感應說等相結合，形成易學中象數系統。而其他原與《易經》本來沒有關係的術數，如占星、形法、選擇，亦漸漸以易理（象數學說）為依歸。《四庫全書・易類小序》云：「術數之興，多在秦漢以後。要其旨，不出乎陰陽五行，生尅制化。實皆《易》之支派，傳以雜說耳。」至此，術數可謂已由「術」發展成「學」。

及至宋代，術數理論與理學中的河圖洛書、太極圖、邵雍先天之學及皇極經世等學說給合，通過術數以演繹理學中「天地中有一太極，萬物中各有一太極」（《朱子語類》）的思想。術數理論不單已發展至十分成熟，而且也從其學理中衍生一些新的方法或理論，如《梅花易數》、《河洛理數》等。

在傳統上，術數功能往往不止於僅僅作為趨吉避凶的方術，及「能彌綸天地之道」的學問，亦有其「修心養性」的功能，「與道合一」（修道）的內涵。《素問・上古天真論》：「上古之人，其知道者，法於陰陽，和於術數。」數之意義，不單是外在的算數、歷數、氣數，而是與理學中同等的「道」、「理」--心性的功能，北宋理氣家邵雍對此多有發揮：「聖人之心，是亦數也」、「萬化萬事生乎心」、「心為太極」。《觀物外篇》：「先天之學，心法也。……蓋天地萬物之理，盡在其中矣，心一而不分，則能應萬物。」反過來說，宋代的術數理論，受到當時理學、佛道及宋易影響，認為心性本質上是等同天地之太極。天地萬物氣數規律，能通過內觀自心而有所感知，即是內心也已具備有術數的推演及預測、感知能力；相傳是邵雍所創之《梅花易數》，便是在這樣的背景下誕生。

《易・文言傳》已有「積善之家，必有餘慶；積不善之家，必有餘殃」之說，至漢代流行的災變說及讖緯說，我國數千年來都認為天災，異常天象（自然現象），皆與一國或一地的施政者失德有關；下至家族、個人之盛衰，也都與一族一人之德行修養有關。因此，我國術數中除了吉凶盛衰理數之外，人心的德行修養，也是趨吉避凶的一個關鍵因素。

術數與宗教、修道

在這種思想之下，我國術數不單只是附屬於巫術或宗教行為的方術，又往往是一種宗教的修煉手段--通過術數，以知陰陽，乃至合陰陽（道）。「其知道者，法於陰陽，和於術數。」例如，「奇門遁甲」術中，即分為「術奇門」與「法奇門」兩大類。「法奇門」中有大量道教中符籙、手印、存想、內煉的內容，是道教內丹外法的一種重要外法修煉體系。甚至在雷法一系的修煉上，亦大量應用了術數內容。此外，相術、堪輿術中也有修煉望氣（氣的形狀、顏色）的方法；堪輿家除了選擇陰陽宅之吉凶外，也有道教中選擇適合修道環境（法、財、侶、地中的地）的方法，以至通過堪輿術觀察天地山川陰陽之氣，亦成為領悟陰陽金丹大道的一途。

易學體系以外的術數與的少數民族的術數

我國術數中，也有不用或不全用易理作為其理論依據的，如揚雄的《太玄》、司馬光的《潛虛》。也有一些占卜法、雜術不屬於《易經》系統，不過對後世影響較少而已。

外來宗教及少數民族中也有不少雖受漢文化影響（如陰陽、五行、二十八宿等學說。）但仍自成系統的術數，如古代的西夏、突厥、吐魯番等占卜及星占術，藏族中有多種藏傳佛教占卜術、苯教占卜術、擇吉術、推命術、相術等；北方少數民族有薩滿教占卜術；不少少數民族如水族、白族、布朗族、佤族、彝族、苗族等，皆有占雞（卦）草卜、雞蛋卜等術，納西族的占星術、占卜術，彝族畢摩的推命術、占卜術……等等，都是屬於《易經》體系以外的術數。相對上，外國傳入的術數以及其理論，對我國術數影響更大。

曆法、推步術與外來術數的影響

我國的術數與曆法的關係非常緊密。早期的術數中，很多是利用星宿或星宿組合的位置（如某星在某州或某宮某度）付予某種吉凶意義，并據之以推演，例如歲星（木星）、月將（某月太陽所躔之宮次）等。不過，由於不同的古代曆法推步的誤差及歲差的問題，若干年後，其術數所用之星辰的位置，已與真實星辰的位置不一樣了；此如歲星（木星），早期的曆法及術數以十二年為一周期（以應地支），與木星真實周期十一點八六年，每幾十年便錯一宮。後來術家又設一「太歲」的假想星體來解決，是歲星運行的相反，週期亦剛好是十二年。而術數中的神煞，很多即是根據太歲的位置而定。又如六壬術中的「月將」，原是立春節氣後太陽躔娵訾之次而稱作「登明亥將」，至宋代，因歲差的關係，要到雨水節氣後太陽才躔娵訾之次，當時沈括提出了修正，但明清時六壬術中「月將」仍然沿用宋代沈括修正的起法沒有再修正。

由於以真實星象周期的推步術是非常繁複，而且古代星象推步術本身亦有不少誤差，大多數術數除依曆書保留了太陽（節氣）、太陰（月相）的簡單宮次計算外，漸漸形成根據干支、日月等的各自起例，以起出其他具有不同含義的眾多假想星象及神煞系統。唐宋以後，我國絕大部分術數都主要沿用這一系統，也出現了不少完全脫離真實星象的術數，如《子平術》、《紫微斗數》、《鐵版神數》等。後來就連一些利用真實星辰位置的術數，如《七政四餘術》及選擇法中的《天星選擇》，也已與假想星象及神煞混合而使用了。

隨着古代外國曆（推步）、術數的傳入，如唐代傳入的印度曆法及術數，元代傳入的回回曆等，其中我國占星術便吸收了印度占星術中羅睺星、計都星等而形成四餘星，又通過阿拉伯占星術而吸收了其中來自希臘、巴比倫占星術的黃道十二宮、四大（四元素）學說（地、水、火、風），並與我國傳統的二十八宿、五行說、神煞系統並存而形成《七政四餘術》。此外，一些術數中的北斗星名，不用我國傳統的星名：天樞、天璇、天璣、天權、玉衡、開陽、搖光，而是使用來自印度梵文所譯的：貪狼、巨門、祿存、文曲，廉貞、武曲、破軍等，此明顯是受到唐代從印度傳入的曆法及占星術所影響。如星命術中的《紫微斗數》及堪輿術中的《撼龍經》等文獻中，其星皆用印度譯名。及至清初《時憲曆》，置閏之法則改用西法「定氣」。清代以後的術數，又作過不少的調整。

此外，我國相術中的面相術、手相術，唐宋之際受印度相術影響頗大，至民國初年，又通過翻譯歐西、日本的相術書籍而大量吸收歐西相術的內容，形成了現代我國坊間流行的新式相術。

陰陽學——術數在古代、官方管理及外國的影響

術數在古代社會中一直扮演着一個非常重要的角色，影響層面不單只是某一階層、某一職業、某一年齡的人，而是上自帝王，下至普通百姓，從出生到死亡，不論是生活上的小事如洗髮、出行等，大事如建房、入伙、出兵等，從個人、家族以至國家，從天文、氣象、地理到人事、軍事，從民俗、學術到宗教，都離不開術數的應用。我國最晚在唐代開始，已把以上術數之學，稱作陰陽（學），行術數者稱陰陽人。（敦煌文書、斯四三二七唐《師師漫語話》：「以下說陰陽人謾語話」，此說法後來傳入日本，今日本人稱行術數者為「陰陽師」）。一直到了清末，欽天監中負責陰陽術數的官員中，以及民間術數之士，仍名陰陽生。

古代政府的中欽天監（司天監），除了負責天文、曆法、輿地之外，亦精通其他如星占、選擇、堪輿等術數，除在皇室人員及朝庭中應用外，也定期頒行日書、修定術數，使民間對於天文、日曆用事吉凶及使用其他術數時，有所依從。

我國古代政府對官方及民間陰陽學及陰陽官員，從其內容、人員的選拔、培訓、認證、考核、律法監管等，都有制度。至明清兩代，其制度更為完善、嚴格。

宋代官學之中，課程中已有陰陽學及其考試的內容。（宋徽宗崇寧三年〔一一零四年〕崇寧算學令：「諸學生習……並曆算、三式、天文書。」「諸試……三式即射覆及預占三日陰陽風雨。天文即預

定一月或一季分野災祥，並以依經備草合問為通。」

金代司天臺，從民間「草澤人」（即民間習術數人士）考試選拔：「其試之制，以《宣明曆》試推步，及《婚書》、《地理新書》試合婚、安葬，並《易》筮法，六壬課、三命、五星之術。」（《金史》卷五十一・志第三十二・選舉一）

元代為進一步加強官方陰陽學對民間的影響、管理、控制及培育，除沿襲宋代、金代在司天監掌管陰陽學及中央的官學陰陽學課程之外，更在地方上增設陰陽學課程（《元史・選舉志一》：「世祖至元二十八年夏六月始置諸路陰陽學。」）地方上也設陰陽學教授員，培育及管轄地方陰陽人。（《元史・選舉志一》：「（元仁宗）延祐初，令陰陽人依儒醫例，於路、府、州設教授員，凡陰陽人皆管轄之，而上屬於太史焉。」）自此，民間的陰陽術士（陰陽人），被納入官方的管轄之下。

至明清兩代，陰陽學制度更為完善。中央欽天監掌管陰陽學，明代地方縣設陰陽學正術，各州設陰陽學典術，各縣設陰陽學訓術。陰陽人從地方陰陽學肄業或被選拔出來後，再送到欽天監考試。（《大明會典》卷二二三：「凡天下府州縣舉到陰陽人堪任正術等官者，俱從吏部送（欽天監），考中，送回選用；不中者發回原籍為民，原保官吏治罪。」）清代大致沿用明制，凡陰陽術數之流，悉歸中央欽天監及地方陰陽官員管理、培訓、認證。至今尚有「紹興府陰陽印」、「東光縣陰陽學記」等明代銅印，及某某縣某某之清代陰陽執照等傳世。

清代欽天監漏刻科對官員要求甚為嚴格。《大清會典》「國子監」規定：「凡算學之教，設肄業生。滿洲十有二人，蒙古、漢軍各六人，於各旗官學內考取。漢十有二人，於舉人、貢監生童內考取。附學生二十四人，由欽天監選送。教以天文演算法諸書，五年學業有成，舉人引見以欽天監博士用，貢監生童以天文生補用。」學生在官學肄業、貢監生肄業或考得舉人後，經過了五年對天文、算法、陰陽學的學習，其中精通陰陽術數者，會送往漏刻科。而在欽天監供職的官員，《大清會典則例》「欽天監」規定：「本監官生三年考核一次，術業精通者，保題升用。不及者，停其升轉，再加學習。如能黽勉供職，即予開復。仍不及者，降職一等，再令學習三年，能習熟者，准予開復，仍不能者，黜退。」除定期考核以定其升用降職外，《大清律例》中對陰陽術士不準確的推斷（妄言禍福）是要治罪的。《大清律例・一七八・術七・妄言禍福》：「凡陰陽術士，不許於大小文武官員之家妄言禍福，違者杖一百。其依經推算星命卜課，不在禁限。」大小文武官員延請的陰陽術士，自然是以欽天監漏刻科官員或地方陰陽官員為主。

官方陰陽學制度也影響鄰國如朝鮮、日本、越南等地，一直到了民國時期，鄰國仍然沿用着我國的多種術數。而我國的漢族術數，在古代甚至影響遍及西夏、突厥、吐蕃、阿拉伯、印度、東南亞諸國。

術數研究

術數在我國古代社會雖然影響深遠，「是傳統中國理念中的一門科學，從傳統的陰陽、五行、九宮、八卦、河圖、洛書等觀念作大自然的研究。……傳統中國的天文學、數學、煉丹術等，要到上世紀中葉始受世界學者肯定。可是，術數還未受到應得的注意。術數在傳統中國科技史、思想史，文化史、社會史，甚至軍事史都有一定的影響。……更進一步了解術數，我們將更能了解中國歷史的全貌。」（何丙郁《術數、天文與醫學中國科技史的新視野》，香港城市大學中國文化中心。）

可是術數至今一直不受正統學界所重視，加上術家藏秘自珍，又揚言天機不可洩漏，「(術數)乃吾國科學與哲學融貫而成一種學說，數千年來傳衍嬗變，或隱或現，全賴一二有心人為之繼續維繫，賴以不絕，其中確有學術上研究之價值，非徒癡人說夢，荒誕不經之謂也。其所以至今不能在科學中成立一種地位者，實有數因。蓋古代士大夫階級目醫卜星相為九流之學，多恥道之；而發明諸大師又故為惝恍迷離之辭，以待後人探索；間有一二賢者有所發明，亦秘莫如深，既恐洩天地之秘，復恐譏為旁門左道，始終不肯公開研究，成立一有系統說明之書籍，貽之後世。故居今日而欲研究此種學術，實一極困難之事。」（民國徐樂吾《子平真詮評註》，方重審序）

現存的術數古籍，除極少數是唐、宋、元的版本外，絕大多數是明、清兩代的版本。其內容也主要是明、清兩代流行的術數，唐宋或以前的術數及其書籍，大部分均已失傳，只能從史料記載、出土文獻、敦煌遺書中稍窺一鱗半爪。

術數版本

坊間術數古籍版本，大多是晚清書坊之翻刻本及民國書賈之重排本，其中豕亥魚魯，或任意增刪，往往文意全非，以至不能卒讀。現今不論是術數愛好者，還是民俗、史學、社會、文化、版本等學術研究者，要想得一常見術數書籍的善本、原版，已經非常困難，更遑論如稿本、鈔本、孤本等珍稀版本。在文獻不足及缺乏善本的情況下，要想對術數的源流、理法、及其影響，作全面深入的研究，幾不可能。

有見及此，本叢刊編校小組經多年努力及多方協助，在海內外搜羅了二十世紀六十年代以前漢文為主的術數類善本、珍本、鈔本、孤本、稿本、批校本等數百種，精選出其中最佳版本，分別輯入兩個系列：

一、心一堂術數古籍珍本叢刊

二、心一堂術數古籍整理叢刊

前者以最新數碼（數位）技術清理、修復珍本原本的版面，更正明顯的錯訛，部分善本更以原色彩色精印，務求更勝原本。并以每百多種珍本、一百二十冊為一輯，分輯出版，以饗讀者。

後者延請、稿約有關專家、學者，以善本、珍本等作底本，參以其他版本，古籍進行審定、校勘、注釋，務求打造一最善版本，方便現代人閱讀、理解、研究等之用。

限於編校小組的水平，版本選擇及考證、文字修正、提要內容等方面，恐有疏漏及舛誤之處，懇請方家不吝指正。

心一堂術數古籍 珍本 整理 叢刊編校小組

二零零九年七月序

二零一四年九月第三次修訂

序

凡人貧賤富貴自有一定形相一定皮骨且有一定氣象衡鑒家一覽了然不差果柔我國素講相術代有傳人如柳莊相法麻衣相法諸書論說旨邃意深疑信參半非深得此中三昧者要難談言悉中是書爲日本神相家菅原氏所著講論相法頗極詳細凡頭顱面部耳目鬚髮氣象條分縷析雖一念之善惡無不顯豁呈露爲吉爲凶當機可斷出版後風行彼邦累至數十版要非坊間流行本所能比擬也況現在交際日繁詐僞百出苟手執一編而熟觀之處世立身要可作爲標準故亟譯之以供當世於人生日用之上當不無小補焉

己未冬月貞如誌於淞濱寄廬

人心觀破術

附運命與天眞

目次＝內容概要

第二篇　諸家秘說之實驗標證

第三篇　天禀及機運

人心觀破術目次終

人心觀破術

日本　菅原如庵　加藤孤雁　原著

太倉唐真如譯

第一篇

觀察術之研究法

本體用能
現象

或問觀察人之性質。果能正確乎。曰能。苟循其理。由其途。則其狀態性質。無有不能窺測者。據覃斯巴洛氏之說

一凡物必有其本體（存在本質）

一有本體者必有其用能（働能受用）

一有用能者必有其現象（形質作業量）

一本體異則用能不同。用能不同則現象亦異。

由現象得觀破其用能爲必能之事

原因與結果之關係猶形相與用能

人心觀破術

二

一　故現象之不同者用能必不同用能之不同者本體亦必異

一　故本體用能現象三者之中苟能知其一則必能知其二也

故因覃氏之說以爲判斷決無絲毫疑義然苟不精確調查上列三者之關係實際上難免當否之差誤據前理以觀由現象而觀破其用能爲必能之事若中華之人相學歐洲之孚律璐洛齊（相術）皆因顏面之形相言語舉動以及頭骨等而觀察人之性質運命等皆有至理存乎其間須用精微之學理始能說明決不能視爲無稽妄談而排斥之諒讀者當亦以爲然也

據海革爾氏之說

一、一定之原因生一定之結果

一、一定之結果自白一定之原因一定之原因豫言一定之結果

事相理相

未來之運命由體相用之關係亦無不得觀察之理

由是觀之。於過去現在未來之時間的道路。以其因而知其果。由其果以知其因。爲當然之理。所謂未來之運命亦無不能觀察。

上文所謂現象者果爲何哉。卽由吾人之知覺機而能覺知識認之形相是也。形相之中。有事相與理相之別。事相者顯於外之形狀也。如青黃赤白方圓長短等是。理相者。於其形之上。更爲深切著明之狀態也。如大小遠近輕重吉凶等。是前者單稱之爲形相。後者稱之爲作業量。又理相理相殆與用能酷似。頗難差別。然此不過對其用能而設之稱號。故自甲種之用能上。更生乙種之用能時。甲種之用能皆稱之爲理相。是卽對於乙種用能之前現現象。與乙種用能易於區別。由此理以推之。其結果儘可視之爲用能。其原因儘可視之爲形相。未來之運命由體相用之關係上亦得觀察之也。

所得認識之現象悉為形相[illegible]

稍有相異之形相悉能以為觀破用能之標目

試再括約言之。

一、一定之形相豫言一定之用能

今欲研究其形相與用能之關係。必先就此形相之意義而更詳加研究。形相非唯大小長短黑白方圓等。苟在其事物上所得識認之事項悉稱之為現象。即形象是也。譬如人之生年月日住所教育職業等亦為有差別之識認事項。（得視為原因者亦得視為現象形象上文既詳言之。）悉得視之為形相。詳言之。即得視為對於用能之形相。然則稍有所異之狀態。無論巨細。必於其用能。亦有所異。故此等形相皆得舉為觀破用能之標準。吾人所深信而無疑者也。然近世哲學者流每大言不慚。以為由相而知人之性。雖有其理。然由生年月日而欲觀察人之性。其妄執甚愚。是何言乎。不觀手相大家覃斯巴洛博士已於人之生年月日與其性質

用能之中有動能與受用之區別

深加研究。而認爲大有關係乎。目下正在試行種種之實驗。又中華印度等古來既盛行此說。其實驗上已有確實之證據。乃以井蛙之見。對於無量大之宇宙。欲斷言眞理之存否。其謬妄不亦甚乎。

茲更就用能言之。用能云者。果爲如何之物乎。即其事物關於外物之狀態也。是亦有動能與受用之別。動能者。其物之動作於他也。如消滅、克顯等是。受用者。其物由他所受之狀態也。如被敗、被消、暗鈍、靜平等是。本體者。由其形相與用能而得想定之理體也。若欲牽強以解釋之。可作爲存在。又本性本質等之意義。然畢竟不過合形相與用能之二者而稱之耳。

今試就人事。爲本體、形相、用能之三區分。因欲知其一而更知其他之一。故必先定其形相之中。有幾種之事項。其用能之中。有幾多之事項。

形相者。關於其人一切之現象也。苟稍有所異之形相。則無論巨細。其用能亦必有所異。故人事之分類如左。

人（本體）
- 形相
  - 理相
    - （一）境遇
    - （二）位置——資格
    - （三）遺傳——教育——習慣
    - （四）原因的作業
  - 事理
    - （一）生年月日
    - （二）骨格皮肉
    - （三）舉動及特癖
    - （四）職業當事的行爲
    - （五）住處及生產地
- 用能
  - 動能
    - （一）智力的傾向——道理之力
    - （二）意力的傾向——行爲之力
    - （三）情力的傾向——道德之力
  - 受用
    - （一）關於性質之好惡等癖質
    - （二）天稟上具有之能力及缺損
    - （三）運命機勢

據右圖觀之。形相有境遇、位置、資格、遺傳、教育、習慣、原因的作業。生年月日。骨格皮肉。（毛髮爪牙四肢五官機之形狀）舉動特癖。職業的行爲

形相之精確可推以步用能之精確

觀破及豫言爲容易之事

讀者試以本書之

住所及生產地等十數項。其用能分爲道理之力。行爲之力。道德之力。好惡之僻質。（此卽其人苦樂所由生之原因。故特爲一項。）運命等數項。其形相之一一。無不與其用能相關。故欲正確知人之用能。亦不得不正確詳細查調其形相。更於其一一考定其相矛盾而增減存滅之所。乃以相除餘額之結果。而定其用能。（卽其性質運命。）果能如此行之。則必能卜人之未來。豫言人之運命。發露人之隱情心事。其易猶如指掌中之物。決不失一也。今於此書唯以順序手段爲研究之方法而論究之。玆就其一部之形相。記載觀破其用能之方法及其實驗的標準爲目的。

施如此之教育。則至如此之結果。在如此之境遇者。易傾於如此之方向。有如此之位置資格者。必不免如此之事情。此等之事既爲普通之眼目所能認識。世人自能知之。故此書絕不載此等之事項。唯其形相之中。在

標準一條徵諸實驗則其的中之奇特當吃一驚

事物較理論凡適切於証據

理相則依生年月日。在事相則依骨格皮肉等而觀察之。然所得實驗多不可思議且正確而奇特。茲筆之於書。讀者諸氏當爲之一驚也。此外更附以先人古哲實驗談以資參考。當非無益。

夫理論固必經事實而後始能實驗。乃世之哲學者。不加詳察。動則以爲據此理論果能得實驗之事實否。如聞人相家謂顏、面蒼白者內心必陰鬱一語則又謂何故而知其然乎。然徵之實際然歟否歟。則又非所計及也。此種狂妄之舉動。苟在此文明探理之世。於理有所不許。直可謂爲妄人而已。以余觀之。若而人者。眞可笑之尤者矣。更進一步言之。凡於理所不許之事實。亦當知其許與不許之標準。若彼等者。果能知之否。乃以己所認爲於理有所不合之一二理由。即以其事爲不合於理而排斥之。眞井蛙之見耳。故予以爲此等之人。宜姑緘其口。試先徵諸實驗。苟有所符合。而知其爲何緣故。然後再爲議論。未爲晚也。
予於此昔之閒隙。羅列古人先哲之標語。以供參考。並非謂一一確證其
實驗。亦非謂一一保證其的中必應。寧有未精確之言插入其間。更希望
經幾多之研究。而能達精密正確之境者。然所以羅列各說於此者。不過
將古來實驗上所得奇特不可思議之例。以證此道此學之至妙至微耳。
凡欲由人身之形相。而知其性質運命時。實驗上關於人身一定之部位。
與性質運命之一定種類。不可不深加注意。此事古來已有種種立論。其
說頗關緊要。且有趣味。因詳載於後。
次於形相與用能相關係者之上。而示其變化之關係。唯由生年月日而
來之變化則頗難於决定。例如一年配一性質。十二月各配當之一種之
中。更生十二種。一月三十日。又各配當時生。$12\times12=(12)^2$之數更配之

生年月日得自境界之形相推及觀察之

以十二時。則爲 $(12)^2\times12=(12)^3$ 之數。複雜累積。達於無極。故在此種。必更設別種之觀察法。而謀易於觀定之例如年月日經過的時間。必因太陽地球之迴轉。以覆載庶物之變化流轉爲現象。故基於此變遷之種別。區別於人生之性質運命。有如何之關係。不可不研究之。因述之於後。對於形相。如此考查之。其所歸在於人事之善惡吉凶。故更自此點觀察用。能而定其標點。亦爲必要之一。今試區別之。

一欠缺如何之智力乎。

一優於如何之智力乎。

一富於如何之情力乎。

一欠缺如何之情力乎。

一向如何之所。其決行之力強歟弱歟。

一易傾於如何之運命乎。

一易造如何之癖性乎。

一應遭如何之境遇乎。

一得爲如何之事業乎。勝任乎。適當乎。

若以之照通俗例分別之俾近於實用如左。

一下僕之觀察。

一主人之觀察。

一朋友之觀察。

一夫婦間之觀察。

一自己反省的觀察。

一子孫之觀察。

人心觀破術

一一般對人觀察。

一知人之賢愚。

一知人之善惡邪正。

一知人之癖性。

一觀破淫婦淫夫。

一知人未來之幸運。

一知自己之未來。

更於此附以興味自其結果上區別之如次。

一能免意外之危害。

一結婚上少失敗。

又自此觀察術所與之利益上言之。如左。

研究可微形相之部局與可知用能之事狀有一定之關係與

一得適當之方針。

一得教育之標準。

一於罪人等之判鑑上有便益。

一為勸善懲惡之方便。

此蓋由從事善事自生善相從事惡事自現惡相之理。於自修自治上。有明瞭之標準。

由如此之條項求其徵證(的中)之時。當於其條項與可以觀察之形相種類。研究其有一定之關係與否。例如古來中華相學。以兩眉關於其兄弟。上眼瞼關於其家事。兩眉有如何之現相時兄弟應有如何之事。上眼瞼有如何之變化時。家事應有如何之變。故然對於如是之關係。研究其果合理與否。固為必要之業。唯徵諸古來之實驗其有相應的關係。猶如

狀態與事故有一定之關係如形與影然實驗上足以證明之

形之與影。既無疑矣。

海格孟氏以掌面之三紋理。關於智情意之三者。一般智情意之變化性狀。得由此三線而觀察之。覃斯巴洛氏命名掌面之三紋理爲智、情、生命。謂爲有一定之關係。神相全篇。定一百三十部位。以一切人事之現象與關係之部位。指定於顏面頭骸等。南北相法。以十六部位點於顏面。說其殊特之關係。一般骨相學派。亦指定頭骸一定之部局。說明其各種特異之關係。此皆基於實驗而立說。雖不以巨細之理論爲根據。然應其所要之人事種別。發見與之有關係之觀察部局。要歸於同一之途。是皆關於其人身上所顯之形相者。此外關於人身相對之境界之形相。即生產地、居住、誕生之時期等。以圖示之如左。

觀察部局
- 具形的部局
  - （一）顏面
  - （二）骨頭
  - （三）手掌
  - （四）全身及舉動
- 境遇的部局
  - （一）生產地
  - （二）住居
  - （三）生年月日

或問關此境遇的部局。亦如於具形的部局。能定一定之形相與用能之關係否。曰能。據前此之先例觀之。其觀察法與前者相反對。蓋以其形相部局之方爲主位。而取便宜之方法。例如關於智力之土地年月。不定其爲如何。而定如何之土地年月。關於如何之用。能據此方法觀察時。先就形相部局。即生產地、居住所生年月等之異點。研究其相關之用能。有如何之關係。實爲緊要之業。例如山間產者。以如何之性質爲特異。都市產者。以如何之性質爲特異。春季生者如何。夏季生者如何。皆當探其源而

易爲（相對的分類）客觀的物理說

研究之也。

此種方法。現在歐洲。幾有尙未發明之狀態。唯中華印度。其人相學早已昌盛。此法亦異常發達。今試探究之。悉基於易經之理。茲撮摘其意略述如左。

太極云者。森羅萬象之本源本體也。分則爲陰陽之兩儀。兩儀生四象。四象生八卦。八卦更相交合而應萬象。故天地間之萬象不外八卦之交合。畢竟悉歸於陰陽之二性。

人亦爲萬象之一。其適於八卦之交合。歸於陰陽之二性。與草木金石禽畜魚介乃至四時之氣候山水土地等同一。故人必屬於二性（男女）應於八卦。卦合於六十四卦。與其相合之卦儀所具全之意。儀有同一之性質狀勢。全體屬於其卦者。部分亦屬於其卦。故生屬於乾卦之土地者。皆各

不可思議之實驗談爲本書之骨子

具有乾卦之意義。是以觀察人相者。必先求其生產地乃至生年月日之適合於如何之卦。然後着手。方能正確。至於詳細之議論。此外尚有種種方面。唯其大略要不外右之理。此所以有中古諸家之異說。枝末也。至於晚近漸遠於其原理。牽強附會之臆說。次第煩累。遂爲大道易者者流之妄說。殊不足取。然其實際於斯道之研究上。有最大之價值。後來苟極精細之研究。則於人事一切。自可求之。於是其爲最大貴重之一學科。可斷言也。

以上所略述者。爲研究斯事上所當注意之諸要件。其實不過爲九牛之一毛。關於此事。且待他日當更起稿而精論之。本書所記載者。悉爲不可思議微妙之實驗談。至於理論沿革等。以爲篇幅所限。且與本書之主旨。無甚關係。姑俟異日再行災梨。閱者諒之。

第二篇

諸家秘說之實驗標證

據古來之說。觀察智力之如何單用賢愚之語。唯單稱賢愚。其意義太廣。不能以之論定一概。例如就某事頗英敏。且有富裕之才力。然在其他之事。則遲鈍冷淡。殆如童穉。此等之人實際上亦多見之。其性質一方爲賢而一方爲愚。觀察人者。必分爲何等之才。何等之智。何等之思考。而後判斷其英敏與遲鈍。

對於情力亦多唯以有德有仁等語爲言。實際上亦要巨細之種別。次後所追述者。其題雖取諸從來。然以著者之實驗上所得。大加以訂正。因順序述之如左。

第一　知賢愚之事

此記因其特種之智力才力技能等種別而觀察者。

第二　知正直邪曲

此記一般關於道義心者。故關於有何等之惡才。好爲何等之惡事等之智力者亦在其中。

第三　知淫婦淫夫即品行不正

此記關於男女色情之智力的情力的癖性。

第四　知業務之適否

此記關於知人天禀之性。因而判定適當之業務者。

第五　知壽命及固有之疾病

此記關於一般肉體上之條項。類集壽命之長短疾病之兆候等。

第六　豫知不慮之危害或幸福

心性得由眼而相

有文學詩歌之才富於同情之相

多情而乏決斷之相

暴戾者

過慮者

此事頗爲奇異然概由古來幾多之實驗上有所證實者類集之。

第一　知賢愚之事（男女兩通）

一眼。爲關於心性之重要部局而爲百發百中之要標唯觀察頗困難要充分之注意與熟練。

一眼光清明無鈍蒙之狀態黑白判然者其心性清醇有文學詩歌之才自信甚深不爲外物所誘且富於同情此等之眼如眉毛黑而不甚濃睫毛不甚多者益得確證前性唯眉毛太濃睫毛亦甚濃者其情力勝於智力所謂失於多情乏決斷易爲婦人等之事所迷

一一般眼稍向上者性情暴戾向下者乏自信力性情暴戾者智力必不備乏自信力者亦然準此得察其智力

一眼之圓者有目前之智才乏於永遠之智力眼之細長者有過慮遠事

小才與遠大之識量

富於才者乏於德

交際上不圓活

大才

之癖。其得圓細之中正者爲宜。

一眼之白色部勝者。雖有小才。然爲大才缺乏之表示。黑色部之茶褐色者。亦有小才。唯無遠大之識量。

一耳。亦關於心性之賢愚。耳之肉薄者。概爲小才子。過厚者。性雖溫良。然鈍於目前之機。而不怜悧。耳之垂珠(耳朵)肉甚小若無者。雖有才能。然乏於仁心德性。但其他有善相者。則未必然。故不可拘於一局部而論定也。

一鼻之肉緊硬者。有片見之風。雖有智才。然與人不圓活。肉柔而不緊硬者。雖有智才。然多因循。其所思考。每不能決行。唯於文學美術等事。必有勝人之才。

一口之大者。雖愚。然口角苟有力而緊締者。反有大才

投機的眼力

疑心躊躇與慾念強大

忍耐力

執拗之相

髮之粗密與性質之粗密一致

人心觀破術

一腮之肉滿而緊者有智力有見機之明肉滿而不緊者雖有德性然爲愚鈍而乏於才

一顏面之色澤蒼白者思考之力雖深然多疑心有躊躇不決之缺點帶黃色者有才力希望之慾念亦強且富忍耐心帶紅色者雖有機智然感情之力甚強乏於忍耐之力黑褐（非受日光而黑褐者）者有剛強之性雖不富于才力然頗有決斷此相若爲婦人則其性頗執拗（婦人不可與男子爲同一之觀察時必稱若爲婦人則若何云云以下皆準之）白而有光澤者爲賢明之表唯中以下之人則反不佳意志之力薄弱才智亦甚狹小

一頭髮之赤者無一定之見識且無大才然於小事頗能見及一般黑者有遠大之思考縮者有急智但褐而縮者必乏遠大之智黑而甚密者

頭頂有高起之骨而

商機之才

富於思考之力粗而褐者有不好思考之癖

一額之狹者爲賤陋之性皮膚有肉而狀厚者有智才肉薄而皮緊者乏於智才

一鼻之根部兩眉與兩眼之間廣者富於才機婦人而如此者其才智沈靜有溫良之性兩眼兩眉之間甚狹者疑心甚深有暴戾之癖唯有相應之智才但此智才於學術上則不適以之爲商機之才則有可取之處

一耳之上部有聳立之狀者有才若上部傾倒幾不能夾入鉛筆者爲愚鈍之相

一口角不緊締者概乏於才力與智力

一頭蓋骨頂有如瘤之高圓骨者有一種與尋常人相異之智才（參關

圓肥者必有與尋常人相異之能力多爲思考力權謀的智略秘術的思慮有局部之才無流通之性

有機智者必乏遠大

於學理之智才） 此高骨長至前頭部者。自信心深。有剛愎之性。智才少劣於前者。

一當兩耳之上部。頭骨左右隆然突起者。富於謀。略。權。策。之。才。多好陰險。爲秘術之思考。

一前頭部如板。銳達於眉。至眉突起者。爲沉眈於局部觀察之性。鮮於得一般概念之機才。故專門之智。才。雖。有。然。流。通。之。智。能。則。無。

一鬚髯之甚濃者。有智而無才。甚薄者。有才而無智。得中正者。才知兼全。縮者雖有機智。然乏遠大之智才。

一眼之上豁而銳者。有商機之智。唯無才力。眼尾下垂而皺紋少者。富於商機之才。

一眉與眼之間廣者。有文。學。之。才。狹者才智甚銳。然於學術上不適應。眉

之思慮

婦人之智力由指相之最爲精確

有歌曲評話之智

與眼間之肉薄者。雖有才。然乏膽力。肉厚者。雖有情。然乏才氣。

一婦人手之拇指較小。尖頭部細尖者。有小才。對於些細之事。有喧囂之性。

一婦人之手指節皆高。掌之皮面較厚者。有智才。其他有荀補助之相。則有勝於男子之智計。

一般指頭粗廣如匏者。長於理想。尖細如圓錐狀者。長於物質上之智。宜參觀他相而判定之。

一音聲之清朗者。雖爲聰明之性。然男子而如婦人之音聲。則反爲小人。言語過快。或吃或鈍而過遲者。皆爲智才缺乏之證。

一舌之尖細者。雖有才智。然德義之心薄。圓而粗者。雖乏於才。然有歌曲評話等之智。

有正德者

第二知正直邪曲（男女兩通）

一眼中有光旋轉不定其舉止浮躁者心性不良視物之時如斜視者爲有邪心之證觀物時眼與頭俱動例如將眺側面時不轉睛而眺頭面俱向此位置其瞳之位置常在眼之中心者爲有正德之人

一與人談話時有閉眼而言者亦有開眼而不視唯呆定相向者是等皆有計人之心每有口是心非之癖

一眉與眼之間廣而有肉且有光澤者富於同情此肉薄者勝於智才

一腮骨當耳下邊之部大而開者其人慾心深而甚吝嗇每因慾而忘善

一鼻頭高尖如鈎向下狀如鷹嘴者有殘酷之性暴慾多貪不顧人之情義

一眼細而上下之臉有肉睫毛濃形如半月之狀作笑形眼之黑白其差

偏執人

別不判然者。乃外貌媚人。內心浮薄。乘人之隙。而弄奸策之惡漢。

一與人談話。有無意間舐唇而語者。(唇有疾者不在此限)此等之人好虛言。卽些細之事。亦有說謊之癖。

一與人相對而談話時。低垂其頭。傾側其顏。於無關緊要之言語。含笑對話之人。卑鄙而有邪念。爲心中有疚之徵。

一耳之形凹小者。心小多怯。然本性爲善。形長而大。色較顏爲佳者。性質善良。好爲救窮恤人等之善行。

一鬚髯發生之處。皆生鬚髯。且不濃不粗者。心性醇良。若兩後頰(耳之前下邊)無鬚髯者。較尋常人有特異之氣質。卽爲偏執之人。惟其性善。一般鬚髯不卷縮而伸者。爲溫雅之相。

一唇之色紅而光澤甚佳者。爲溫雅善良之相。

一顏面之色蒼白如枯灰者爲邪。黃紅有潤澤者爲正。

判別正邪善惡之總訣

凡欲正確判別善惡。固非容易之業。然苟因其方法正眼觀之。豈有不得知之乎。古云。敝相者爲舌。可知言語能瞞相者之眼。言語之中。除言表本意外。發現種種之情例。如語人以當救之意。其本意雖云救。然云之以要或云之以哀。或云之嚴重。或云之輕忽。或云之以戲謔。皆各有其趣。此趣稱爲言語之色彩。因此色彩。多失正眼而爲所詐所誑所瞞。奸毒陰險之惡漢。必於此言語之色彩得其巧妙。不可不注意。是等之惡漢。實爲一種俳優。生平慣爲敝惡彰善之戲劇。經年遂爲第二天性。至不易於鑑別。其巧妙非僅在言語之上。並得表於容貌風采之上。所裝假面。於正直信實眞誠等。無不酷肖。然能悉心觀察之。亦有觀破之術。唯於不知不覺間爲其所誑。遂陷其意中者不少。反之若眞爲正道者。或因其性僻。或受邪推。反爲人視爲惡而沒却其實者亦有之。奸毒之惡漢。對於人之邪推。利用之最巧。故疑訝者。每易及於正直而有一種性僻之人。故欲觀察人之心性時。必先養成其觀破僞善者僞直者之活眼。今述其應注意之二三要點。如左。

一正直之士。不拘順於人心與逆於人心。對於己意有立言立行之風。故其言率直而不甘。不正之士。於己之意見。暫置不顧。務先順於人心。乘機以遂蜜意。故其言婉曲而易利。且其甘如蜜。

一凡於對話之中。雖與己之持論不叶。然無反抗之容。反裝恭順之色。其心中甚不謂然。而極口稱賞。又縱有極無趣味之事。亦常作興高采烈之狀。

但有雖非奸佞然正直怯弱不能反抗人之言語僅唯唯應之者切莫與此鑑誤

一對話之中有對於全無必要毫無價值之事呶呶饒舌者此爲浮薄淺慮之相於有必要之時應言而不述者非不解即秘密不宜然在正直朴素之人則決無此也

一於己所不深知之事作熟知之狀而喋喋不已在微細之事亦有爭勝之癖此等之人每自作聰明故一般爲人所不好然其人心性不惡且不陰險奸詐唯智識淺薄識見狹小故有此陋習耳

一凡稱爲交際中之能手者其人必乏廉恥且志操亦不堅實主義節操堅實而能內自省苟非己意則賞贊毀貶之言語決不肯任意妄發者斷不能爲交際界之能手蓋此等之人必不能爲流俗所好

就衆多之人觀其性趣之標準爲相當之秘術

也

一古語云適於己意者當加注意蓋對於我說唯唯而應對於我之所爲無一不稱賞者當留意其人苟非非常妄信我則必爲甚奸險之人但有心獻媚者其人必有所求或有所爲而然枉意而應者果有何所求或何所爲而然如是觀之則大抵能知其腹中之事

一著名骨相術名人吉田氏曰心性之善惡在於眸子接奸惡之人時當詳審其人之眼(不在形之大小等乃對其眼之狀態而言)若相他人之時有此狀態者其性必有所似相多人之時自當見其心性有酷似者此爲天與之標準例如非常吝嗇非常奸毒非常正直非常慈善等人其面相必有一種之特色風采以此爲標準尋常之人必不能逃此觀察是爲我相術之秘訣此雖似淺近之說然頗有深味尤適於道

非常之人必有非常之形相

理。實不愧爲秘訣。蓋理論上只云眼三角者爲何。眼圓者爲何。唇厚者爲何。其實雖爲三角者。亦難一樣立論。圓者亦有由來。且此所定之規則。概括可相者。爲千萬百種之活物。故自然所得之妙術。有口不能言之活機。有不能教人之方法。研究觀察術者。當能領會斯旨也。

盜賊心之有無及殺人者之證標

有盜賊心及殘忍刻薄而犯殺人等大罪者之證標。最易判識。凡心性非常。特性亦非常者。必爲特異之形相而顯於外。然自長於斯術者之眼觀之。不啻人人皆公示自己心性之招牌。實覺非常可笑。乃彼惡漢竟以人爲無眼。自稱爲良善。爲正直。決不起爲惡之念慮。而陰售其奸。故世之乏此觀察經驗者。殆無不墮其術中。雖然在明斯道者觀之。則亦不容朦混。彼自稱爲正直者。其鼻之近邊。已有不正不良之相。證天道益善。其此之謂賊。蓋惡人縱欲自隱而天賦之形相已爲之宣布而無遺可不戒哉夫如是故人之形相乃隨其用能變化而變化者若惡心遷善之時惡相自然變爲善相其形相之面目一變者爲古來幾多之實驗家所證言前章稱相術爲勸善懲惡之法即此理也相法觀察術之有價值且不背於條理者亦在乎此然在無上所述之思想者見眼球有焦赤色之小線自白球之左右向眸子進行時必斷定其爲殺人或自殺之證標殊不知苟於未遂之時聽人之說諭規勸翻然變其決心則此相忽變焦赤之細線生分枝而爲紅色小線之尖頭遂回旋本書雖不詳列此類之證標然熟覽全部必能瞭然記者活用生滅自由之理基於變凶爲吉化惡爲善之主旨於盜心及殺人之心性尤能應驗如神因於此章之間特述一言云

第三　知品行之不正

品行不正者。以淫行爲甚。今觀察淫性之如何。雖似非必要之業。然淫夫淫婦之號。多薄情不義之性。苟在家內。即爲不利之種。交際上每受意外之困苦。乃至危難。亦所當注意之一也。

博士台拉頓氏。自解剖學上爲種種之研究。就包容小腦之後頭部。及護持關於生殖器興奮勃起射精等神經中樞之延髓存在位置之後頭頸部。務求其證表。據其實驗。說爭律瑙洛齊派所謂關於戀慕部之發達。即此部凹。肉飽滿。極發達者。爲多情多恨之性。特於肉欲色欲。情力、最強。此部之頭髮。稠而縮者。爲荒淫之表相。女子則爲不以失節爲恥之淫婦。此部位枯瘦骨立者。爲多同情之性。全缺者。同情博愛之性亦缺。又據台拉頓氏之說。以指案此部。因些少之凸凹。爲種種不可思議之判斷。是非初學者所得擬議。今省略之。其他當傳授最易知最正確之秘術。

婦人之手指美而指頭細尖者巧於細工

一婦人之眼上瞼爲弓狀下瞼爲一文字眼中多淚潤者一見甚爲可愛之曰然性頗淫情念甚強節操反薄爲易於變移之性。

一婦人之眉頭每笑現皺紋爲八字眉之狀者爲多淫之性品行難於方正。

一婦人之耳前髮濃自耳至下者淫情頗深又此部髮薄如無者亦然男子準之。

一婦人談話時口中多液含泡者爲多淫之相。

一一般婦人之手拇指大者無淫行爲貞節而有實情之性拇指過小者反之。

一婦人之鼻過高者惡目大而有可愛之狀者亦不宜若其他兼有淫相則爲破節操之標表。

人心觀破術

一眼中常如有淚者。雖爲美麗之目。然男女皆就情事不免有失。

一眼中之黑球。帶茶色或黃色者。男女皆有淫性。

一男子之唇。其色過紅。婦人之唇帶黑色者。皆有荒淫之性。

一貫光山人所著破相集中列記左之數條。當於其中之一二或數條者。不免不義之淫行。自相標現後過七日。則雖自改亦已無及。所載如左。

（男女通用）

（甲）眉梢表現帶赤色之焦色。

（乙）兩眉之間以及額面。有無光澤之赤色斑點散在其處。

（丙）鼻頭有青氣而發光澤。

（丁）目梢之邊與小鬢之間。有黑子四周圍以赤色。

（戊）目梢之邊與小鬢之間有疵而現桃花色。

眼帶睡眠之氣者非人必有好色之癖

(己)日之週圍繞。以桃花色。頰之上部顴骨部。有帶黑而狀若積垢之色。

(庚)鼻下人中。有紅色。兩眉之間。現有青光之氣色。

(辛)眉毛較尋常之毛狀有異。互相交錯。且柔軟者。

(壬)眼眸之風色。有常若睡眠之狀。

(癸)耳之垂珠帶紅。其紅氣向目梢而走。

尙有其他之觀察。熟覽此全部。則必能詳悉無遺。

第四　知業務之適否

判定業務之適否。雖若容易。實甚困難。有性質偏執之天稟。不關其善惡是非。欲履行實踐者。亦不少。然對於此種。固以任其所志爲宜。適否之判定。屬於無益。蓋業務之成否。實因志念之深淺。而見成效之如何。縱有合適天性之業務。苟志淺薄而放漫。則到底不能期其成效。故欲判定業務

欲擇業務者須知其天禀

之適否。論天禀之如何。都為無用之業。然精細考之。其關係明確。取舍之思考。亦能了解。從其天禀。擇最適於性分之業務而為之。則較之為不適於性之業務。固勝萬萬也。然世人每忘省己而考適否。只當其事而考其有如何之成效。苟聞獲利速而不甚勞。即棄舊業而就之。不知此勞苦與否之問題。關係於己所志之目的。若因見人之得利益。以為己能如斯。亦必得利。於彼與我之性質。絕不注意。若而人者。眞所謂一物不知之輩矣。蓋業務而不適於己之性質。此所以困難而勞苦。苟適於己之天禀。則他人縱以為苦。而本人終以為樂。徵之實際。可以知之。

今因其天禀而判定業務之適否。所要條件。述之如左。

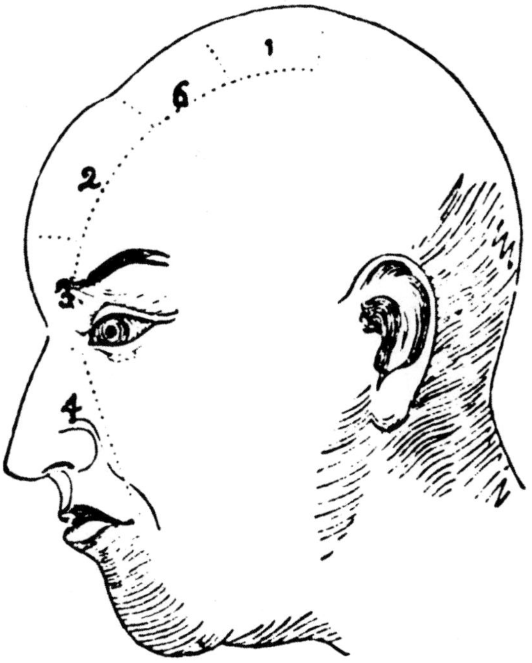

第一圖

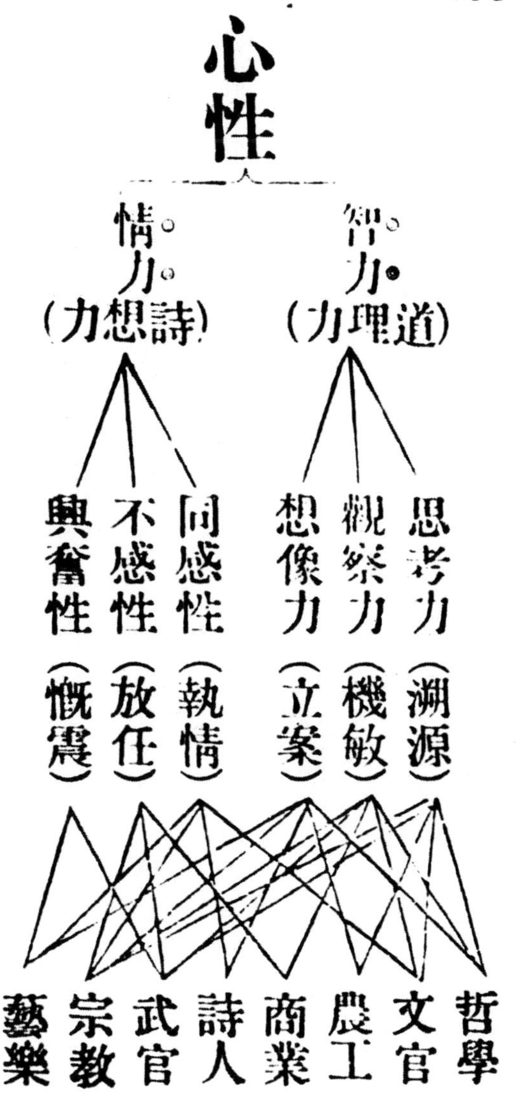

右圖乃示六種之心性（以人之心性爲六大分）與八種之業務。（以人之業務爲八大分）有如何之關係者。據此方法時。不可不先定此六種之心性。其特殊發達之標證爲何。據台格爾氏之說如左。

（一）思考力局　（二）觀察力局　（三）想像力局

(四)不感性局　(五)同感性局　(六)興奮性局

右之部局自頭蓋之頂上。幅一英寸至二英寸以降達上唇部。以之分割爲六區。如圖各附其名。其部骨粗或肉滿發達頗盛者。皆爲表其特性發達之徵。其部肉瘦削骨凹。部位狹小者。爲其特性發達少而缺損之徵。

俗說以木火土金水之五性。種別人類業務。亦配當於五性。木生火克土。火生土克金。土生金克水。金生水克木。水生木克火。以生吉克凶之理論判定之。是卽五行之說。見於書經洪範。爲中國哲學之分性觀察法。有重要之學理上價値。爲吾人之所信。固非一知半解之淺學者所能窺測也。

第五　知壽命及固有之疾病

今試謂人曰。余能識壽命之修短。并能知固有之疾病於未病之先。則一知半解者。聞之必喋喋然問曰。果如此。則病亦可無需乎醫。壽命果可指

短命之相亦能變爲長壽之相

黑滯枯色黯暗無光之色也

定。則何須衛生之道。雖然。即不依觀察之術。病者能治與否。既爲醫者所知。蓋由現象證候而判定者。其判定實與相法之理法手段毫無所異。相法觀察之術。爲活物的。縱有短命之相。苟能養生。則必長壽而生長壽之相形。長壽之相而不養生。終竟變爲短命而生短命之相形。若機既迫。無救養之時間。致絕無方法者。則如其相形所示。應所指定而失生命。壽命之判定。雖得確然。豈於衛生之道。有何交涉乎。甯可謂爲有益衛生之要件云。

疾病與顏面之關係

左圖係據台格爾氏之說。於顏面區分多部局。而各命名。其部有故障。無光澤。有疵斑點等。則不免有疾患。又既爲疾病所侵之時。局部顯黑滯枯色者。即當全愈而復舊。

(一)傳染性急激性疾(二)肺疾　(三)陰部疾　(四)胃　(五)發熱性
(六)腦疾(七)神經疾(八)腸腹及子宮疾(九)脚疾

診斷疾病時可判別其生死之要件及一般疾病之觀察

一列記於左者。爲相術秘說中之所記載。茲摘錄之。

一姙婦面色帶黃如塗以油。於小鼻時顫震者。必流產。產後之經過困難。

一姙婦兩眉之間。有赤氣走顴骨達耳前者。爲難產之徵。

一臨產之時。口唇顫動。唇不合者。爲危險之兆。

一孕婦之目梢及下瞼部之肉色枯黑無光澤。帶紫色者。爲死產之兆。

一鼻孔之週緣。爲枯白色斑狀時。男子爲痲疾。女子有消渴之病。若帶赤氣。爲陰部有惡疾之兆。又此枯白色。冲至鼻兩邊之紋理而散者。

流產之相

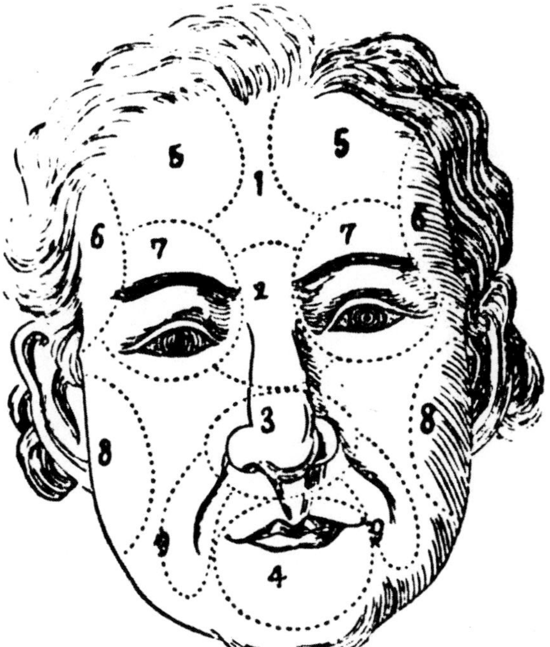

第二圖

中毒之眞相

陰囊當有蝕瘡之疾

一自下唇之邊及於腮有黑赤色或黑青色而失光澤者爲服毒藥或藥誤等之證若爲未服藥者之時則爲中毒之兆

一患水腫病者額久翳而俄爾發現光澤時必死

一重病陷危篤而準頭(鼻頭)有美色發光澤者不死若其上如有朦氣時必死

一病雖見輕然黑氣起於耳前與眼邊或鼻上如以小指尖蘸水引之向於口中者終不免死

一病者顏面帶青黑之色枯無光澤人中反翻者不出三日必死

一病者之面色呈異狀齒忽黑者不出三十日而死

一病者面帶赤而眼發黃色者卽死

一遺尿不覺。脣忽變黑而乾。舌卷。兩眉之間縮者。皆爲死之相。

一自兩鼻之間。達於兩眼之間。有黃色如塗油。且狀若垢污者。乃患淋疾。或下疳。便毒之兆。

一自鼻根及於鼻頭。有赤氣。如草根分枝者。起吐血。咯血。或衄血。又如此枝向下而行者。爲下血。崩漏等。

一患脚疾者。自鼻之兩邊。迄於頰部。其紋理中。(稱法令)生青色之氣。

一鼻之中尖青氣如烟而起者。患腰痛。又罹毒者。自鼻頭下於法令者。有足疾。

一無論何病。若人中有暗黑之氣。則病。必危。篤。

一又自口邊出黑氣。向耳際進行者。七日。前後。死

一無論何病。發病之際。自頸之兩方迄於喉頭之結喉。有青氣時。其病。

治後再發將爲重症而陷於不治。

一身體雖如健康。然耳間有黑氣。其內現白氣者。爲將有急病或暴死之兆。

一自鼻之中央兩邊。連於兩顴骨有紅點。（如以針刺之小紅點較蚤嚙痕猶小。）尚有赤氣聚集者。爲男患痔。女有危產之兆。

一顴骨之部有紅氣。中有青點。唇呈白氣。瞳帶黃色者。必發中風症。

一目眉與眼之間。迄於目梢。有紅黑氣。一脣緣邊赤黑氣如散。面色帶有紅氣者。爲赤痢之兆。兩眉之間有黑氣者。必死。

手掌紋與生命之關係

如闊掌面。必有三條深明之紋理。其中圍繞拇指根之一線。名壽命線。記數而知壽之長短。

其線記十二十三十之部。示其年齡時代之健康。其部成連鎖狀。又如麻而細者。患種種之病。深則粗細一致者。爲無病之兆。斷者爲大病之證。例如在三十之點斷者。三十之時。必患大病。此相左右兩掌一致。則必死。若左右之一方二十而斷。一方在二十五之點斷者。二十之時得病。至二十五而死。此線苟在二年至一年前。攝養衛生。則漸漸變化。粗細一致。斷者亦能復續。一變其標證云。

第六　豫知不慮之危害或幸福

赤脈之秘事

一豫知不慮之危害。有赤脈之秘事。古來深爲秘密。其方法甚易。能百發百中。豫知一切危急之災害。是卽眼之白球帶赤色而現筋立肉降起之狀。稱之爲赤脈(非赤色細線狀之血管)起自目梢達於瞳子時。爲近將遭遇大危難之兆。又起自目頭及於瞳子時。爲自身惹

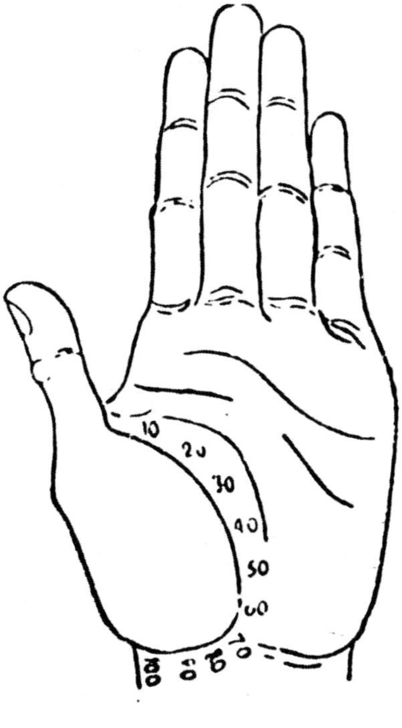

第三圖

起危難之兆。若貫瞳子時。關於生命者。多不免橫死。讀者幸秘之。

一目瞳子上現白氣如散者、近時將患眼疾。不然則有不慮之災。

一凡遇災厄。放尿起泡時。終得幸免。不起泡則危。

刑事之難

一兩眉頭之上。有暗昧之氣。兩眉之間當鼻根之部。有赤氣者。有刑事之難。

一有光潤之綠色。橫貫鼻之中央者。近時可得橫財。

兄弟之難

一眉之中央。現青色成圓形者。有兄弟之爭。其上有黑氣。更見白氣之斑點者。兄弟共陷大危難或傷亡。

離緣

一目梢之邊。有青氣頗廣者。為必有離緣之兆。

離別之災

一同上之青氣少。黑目之邊緣亦有之。鼻下為小點而現者。為與妻子離別之兆。

盜難

一下唇以下腮部現有赤黑之氣。如散如飛雲。鼻之中央兩邊有暗氣如白他入者。必逢盜難。若此相而他有惡色。則爲盜所傷。

一耳輪焦黑色之氣滿者。二十四時間以內。不免於死。

一目梢現黃色大如拇指之腹。有光澤者。自婦人得財。或有不義之利。

一耳星黑氣內現白氣者。近將有急病。色甚惡者。必不免死。

一耳之前邊。如有白氣向口邊來者。爲近日中。死亡之兆。

一有青氣於額之中央。爲直線者。七八十日之中。有不測之災難。

火難

一滿面火色。毛孔有針點狀青色。自兩眉之間達額之上邊。現赤色之細色者。不逢刑罰。則必有火災。

延燒

一兩眉之間。有細赤色。降於鼻上。腮部焦黑赤色散亂者。不免延燒之災。

自火

有利於遠方

化凶爲吉之相

吉事將來而終不至

褒賞

一同上之赤色。自鼻之中央兩邊。如向眉頭而走者。爲自家失火之兆。

一兩眉頭之上起黃色。斜向兩鬢而走者。將轉高官。商人則與遠方交易。而得大利。

一鼻之頭一點開發。美黃赤色。含光澤者。雖他有危難。終能化凶爲吉。又爲經過小災小難之兆。

一面上黃氣起於處處者。雖爲吉相。然兩眉之間及鼻頭有凶色。則吉事將來而終不至。爲功敗垂成之兆。

一黃氣一二點如錢。又如寸許系。自額之上緣。降接兩眉之間。達於眼邊鼻頭。有美色者。官則必遷轉而爲高位。常人有不測之補助。或大利。

一兩眉頭之上部有黃色。生光澤。顴骨上現美紅色者。將遇褒賞。

昇爲大官

嫌疑

下腹病

捕獲罪人之功名

一額上有紫氣下臨兩眉之間滿額有黃氣者有救命之壽常人爲得財或生貴子之瑞相

一兩眉頭生黃氣其中紫氣點點如花又如豆者必昇爲大官或獲大資產

一額現黃色之半月狀形中有青氣者自君主父母主人等受嫌疑之光

一眼下黑黲色散現如煤微帶青者有下腹之病婦人則患子宮病

一額起黑氣如霧鼻梁有青氣者百日之內發大病

一自眉梢及於目梢紅氣隱隱而現自兩眉之間達於鼻梁有美色者捕盜有功名若青色現於額兩眉之間無光澤者爲將捕獲而復失之光

意外之吉事

難產致死

一額之左部或右部之中央有肉爲隆起之狀現美色時就父母所爲之事有意外之吉事。

一眼緣有赤氣兩眉之間現青氣者(皆無光澤)爲自長上有驚信之光。

一婦人之人中有赤氣又自鼻之中央左右部赤氣昇上之時爲發大病至死之兆若妊娠者則爲難產致死之相。

一額上滿面潤澤自額之上部達兩眉之間及眼緣有潤澤之黃氣者爲有貴人提拔之兆。

一額有黃色其中心有紅色鼻頭有黃色皆無光澤者不出半月必有大吉。

一額有赤色(無光澤)自目梢之邊達於下瞼之邊現赤焦色面色帶

青者家內起爭端爲有離別等之兆

一額之上部髮生之際赤色作直一文字形降於鼻眼之狀態銳利而常變者有爭鬬受不測之傷

水難之兆

一眼之周緣呈黑氣眉梢及目梢之邊現黑青氣無光澤口之周圍及腮之邊有黑氣者必有水難

一暗黑之氣起於耳際其黑氣延及小鼻之邊或入口時爲必有水難（有乘舟沈沒等之危難）之兆

一同上之相赤脈貫瞳者不免於死若無赤脈鼻頭有光澤則爲人所救

知有喪事

一顏面到處現白氣如點捺又如絲麻者其家必有喪事（亦有屬於親戚者）

訴訟之兆

一同上之相。口角有青氣。則其家。或親戚。不出七日。必有死人。

一自兩眉之間。上昇於額。現一條或二條。如火色之赤色者。必有訟事。

（赤色亦有微帶黑色者）

豫知意外吉凶之秘訣

鑑別色與氣之秘訣

凡稱爲色或氣者。與尋常之色彩異。爲素人初學者之所難觀察。必也加以注意。重以實驗。則自能瞭然鑑定之。赤色非如塗以紅色然也。亦非如腫物等之赤跡狀也。其色淡而不易鑑別。若如塗以繪具。素人之目亦能一見分別者。非本色。爲相法所不取。

又色與氣。時時發現。長者一二月。短者一兩日而消滅。其色不可與頰赤之赤色相混。其形有圓有長。爲種種形狀。多似蚯蚓之形。或如絲麻。或如豆。有大如拇指之頭者。氣則其形不定。有散如霞而細長者。有聚集成圓形者大概赤爲爭之兆。爲驚之兆。青爲哀憂之兆。黑爲怪事死亡之兆。白爲死亡或愁傷之兆。黃爲吉事喜事之兆。紫爲貴事奇利等之兆。綠爲疾病之兆。桃花色爲豔事之兆。但因其部位有所斟酌。又因光澤之有無而生大差。凡有光澤。變爲吉事喜事。若無光澤。則化爲惡事凶兆。又眉關兄弟之事。鼻關財產及身體之事。額關主君父母又官祿之事。此等一一相關之部位。亦有概略之定例。故此部有此色者。當生如何之事。故雖在些細之事。故亦能指定豫言。毫無遺漏。今揭其秘訣如左。

（1）關於長上之狀態官祿位階等。

（2）（眉）關於兄弟之事。

（3）關於家族內或家屋資財之事。

（4）關於生命及幸不幸之運命。

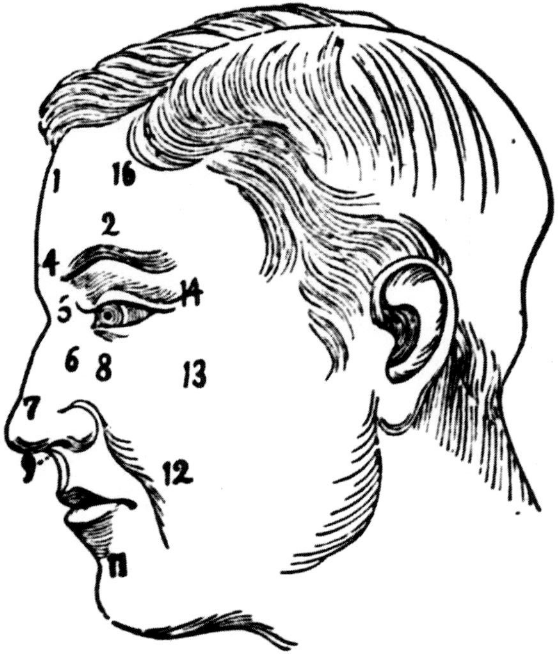

第四圖

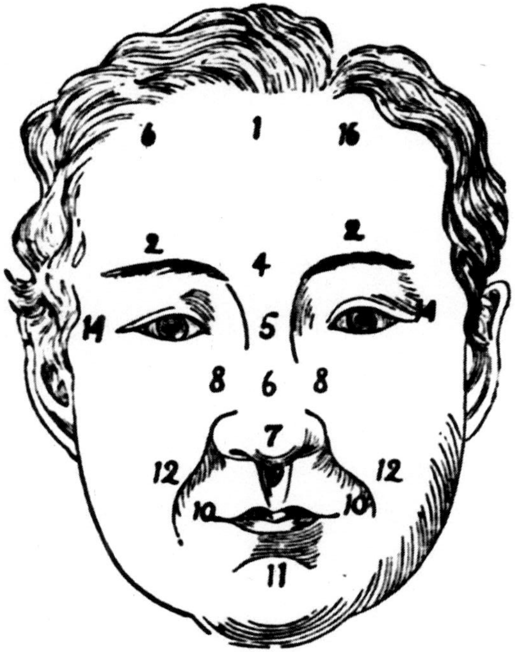

第五圖

(5)關於身體及事業之事。
(6)關於財產金庫等。
(7)關於運命一切之事。
(8)關於財產金庫等。
(9)關於子孫及壽命等。
(10)關於交際上之事。
(11)關於家宅住居等。
(12)關於職業及腳之事。
(13)關於名譽。
(14)關於妻妾。
(15)關於生命疾病。

(16)關於父母之事。

此外雖尚有種種。然實驗上最樞要者。如右。又其氣色如左。

一赤(如火之色)主驚事。爭鬪。

一赤(柿實之色)主訴訟。負傷。

一焦赤色(帶黑之赤色)主火災。驚愕。失望。困難。

一美色(淺桃色)主豔事。成就。喜悅。

一靑(淺黃色)主失望。離別。損失。病災。

一黃主利益。發財。

一白主喪事。疾病。死亡。

一黑主水難。怪事。盜賊。

一昧暗色主澀滯。遲延。不成就。不如意。

一翳與前同斷。

一光潤主成效。如意。喜悅。

一紫主官命。(無光澤者皆大凶)

又氣云者。非色也。帶色之時。則稱赤氣白氣等。唯氣之本體無色。如起於皮膚之毛穴。其狀時變化而現於外。

三毒相

第一　狐才子

人以狐稱。而更曰才子。則其人之心術可知矣。蓋狐爲獸中有才之物。非若熊豕等之蠢愚可比。時萌惡念。以損人利己爲天職。言甘語妙。狐媚世人。直不知禮義廉恥爲何物。對於權門則屈膝折腰。對於屬隸則頤指氣使。時而借仁義以掩其過。時而藉慈善以遂其私。接物待人。處處用陰謀手段彼且自鳴得意以爲歷史上之偉人悉由使貪使詐而成效將聖賢德義之人士一概抹煞視德義宗教爲愚民之術嗟乎若彼狐才子者見世有渴不飲盜泉之水見義勇爲之鐵腸漢將如何又見人之難生義心見人之哀表同情者又將如何古之人傑成天下之大事者豈小才子所能窺測耶苟天下之大業非代天下爲之安能期其成效若天下之大業成於狐才子之手則天下之同情將歸之乎亦徒見其擾亂而已彼小才子流之小政事家藉權門以榮耀一時實爲社會上腐敗墮落之現象有心人早知世道人心之不古而抱無窮之憂也

其相形多蒼白之顏面毛髮黑而緻密眼細目梢向上銳而不露眉上鼻高而瘦鼻頭爲鈎狀肉中等而多瘦手指皆骨立皮硬指微屈與人對話時低頭語不清朗而陰每以低聲對話聽時閉目傾頭語時作左右眺時

如越組而視竊聽者之氣色。步行疾速。頭常傾或垂。入人之家。舉步緩慢。姿容概無歡樂之色。心中如常有思慮之事。

第二　猿賊漢

猿賊者。慾深如猿。行爲等於賊之所爲也。較上述之狐才子稍異。有智力。有度量。其才。正足以濟其惡。狐才子雖無一撮仁心。而猿賊漢時或流露。唯慾望過奢。甚至忘却一切仁義而遂大肆其奸。蓋猿賊漢饒智識。故其籠絡人心。頗爲巧妙。有大才子之風。學者之腰爲名譽而折。商人之腰爲黄金而折。愚者之腰爲恐懼而折。向說者褒揚。對義士信服。對謀者讓利。對朴者巧說。有應病與藥。隨機說法之靈敏手腕。且不輕發誇慢之色。假義假仁。不爭小利。秘藏其乘間取奪之大野心。蓋其希望。固不在名譽。而在實質。直欲爲黄金之魔王。故其所業。悉以此爲根基。立國家重樞之位

以代價得利爲成福之本道

置時主義立說隨機應變舉國家爲其資料所爲所修一無實在只望壞滿慾欲不顧其他之關係一舉一動爲世大害蓋此猿賊雖非不學其所學不過猿學雖非無智其爲智不過猿智故不能見善惡之辨別原因結果之天理蓋有原因者必有結果惡因不生善果理固宜然苟惟利是圖常爲損人利己之事則他人豈能甘心放任其所爲勢必反動而生反奪之機故有利於人者方能因人得利此爲成福之本道若但知有己而不知有人雖得意一時必無永遠之壽命禍伏其間觸機卽發觀古來名門之盛衰可以知其故矣

猿賊之相形體大而肥滿毛髮硬而粗黑目大而不銳眉形成一文字或八字目梢下垂鼻梁肉滿而高鼻頭圓而不鉤手臂長大行步堂堂無倉皇之態與人語時語簡而有甘味應對不逆人意悉裝放任之風似有寬

大之量發言之時頗有機智使人感佩然屢與交接即見其傲慢此相常有傲然得意之色平生小細之行作却辭甚卑對於奴僕有煽用之特長

第三　蛇才奴

無猿賊子之器量無狐才子之深慮然才識雖小亦足以瞞一時之耳目故稱之曰蛇才子對於小名小利恒若汲汲不遑而一生忙碌常在齷齪煩悶之中其最劣點莫若論人之短已無其技倆已無其智識已無其德行而且輕視人之技倆詆毀人之無識肆談人之失策故衆人忌之也甚於蛇蝎遂無愛之信之之人且有高慢之性嫉妬之心見人之所長即起陰誹之念然膽量極小不敢與人公然論難陽則唯唯聽命而陰實信口雌黄具有婦人之小才識絕不能當丈夫偉大之事業度量狹小對於強者則阿諛之對於弱者則凌虐之顏面蒼白或帶赤多肉滿而不緊胸等

毛。全然爲多毛質。眼細。接人必假笑。唇甚薄。色黑。鼻及耳皆小。較他部則無肉。眉毛多而粗。每垂頭爲思慮之態。靜步態度極冷。與人語。故作低聲。巧於應對。且好問事。不顧人厭。窮詰到底。手指細柔。臂膊短。拇指殊小。

諸般之秘訣

(1)驛馬(左右)(2)山林(左右)(3)交友(左右)(4)田宅(左右)(5)魚尾(左右)(6)天中(中正一局)(7)官祿(左右)(8)印堂(一局)(9)命宮(一局)(10)食祿(左右)(11)兄弟(左右)(12)子孫(左右)(13)顴骨(左右)(14)法令(左右)(15)邊地(左右)(16)人中(一局)(17)準頭(一局)(18)口角(左右)(19)承漿(一局)(20)地閣(一局)(21)命門(左右)(22)轄骨(左右)(23)淚堂(左右)(24)奴僕(左右)(25)日月角(左右)

黑子及疵

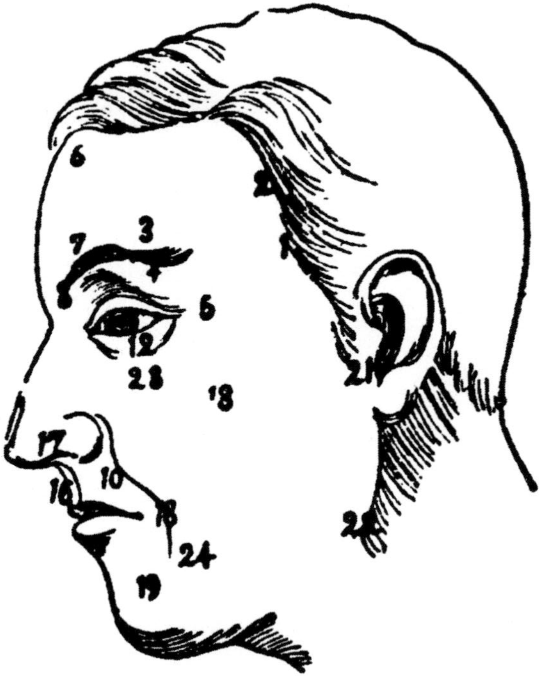
6
25
7
3
8
5
12
28
18
17
10
16
18
24
19

第六圖

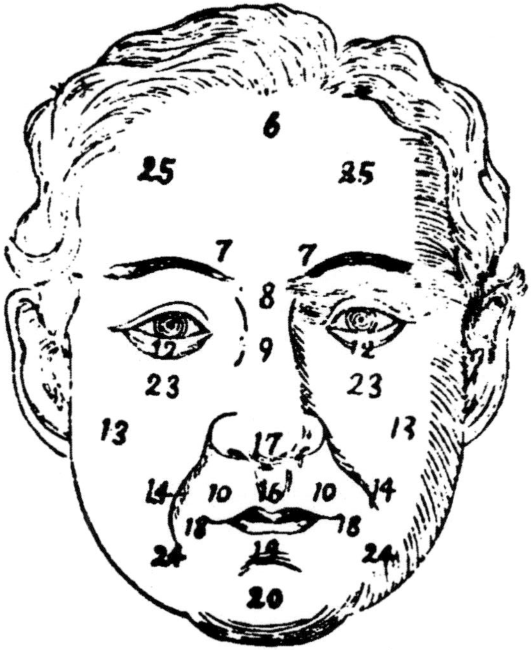
6
25
25
7
7
8
12
9
12
23
23
13
13
17
14
10
16
10
14
18
18
24
19
24
20

第七圖

在驛馬時。多家之勞苦。家定亦遲。在山林之時。無親讓之財產。若有則必失之。

在交友時。常爲友人。生勞苦。爲多損失之兆。

在田宅時。無遺產。若有必失之。爲破家之人。

在魚尾時。關於妻緣。多駁雜。此外亦不絕女難。

在天中時。與長上緣薄。故由長上提拔之事皆空。

在官祿時。有吉事。來必生障礙。不能充分得意。

在印堂時。物事十破八九。多訴訟事。犯急病死。如麻臉者。爲養子之相。

在命宮時。身體虛弱。又破家產。且有入牢獄之事。

在食祿時。家定亦遲。又住所屢變。更必有不陰德之行。

在兄弟時。親族緣薄。又爲在異鄉。有親戚之徵。

在子孫時。子緣薄。有子者。爲是辛苦不絕。

在顴骨時。無人望。又爲他人受苦。在命宮時。有盜難。多失物。

在法令時。爲與。親。業。相異。之業。凡親之業。不合於心。每厭棄之。

在邊地時。爲旅行中。有難之兆。宜愼遠行。

在法令之紋中。左邊者。父早逝。右邊母早逝。

在人中之上部者。多男子。下部者。多女子。中間不宜。

髮際山林之下部。有黑子者。缺乏金銀。與婦人無緣。

日梢魚尾之間。有二黑子者。必再緣。在田宅者。爲人受累之事。終身不絕。

準頭之黑子。主有刑事公難之人。或盡瘁於親屬之刑事公難。又爲兵死之相。

在口角者。不得見父母之死。(但疵則不然)

在承醬者有食傷之癖又有水難（同上）

在準頭者金銀衣服不充足（同上）

在地閣者必更住所否則時與土木在中央部者死於水（同上）

命門及眉頭之黑子主有大危

轄骨及魚尾之黑子均爲淫婦男子則有關於姦淫之事

瞼有黑子者爲盜賊在耳之後下部者亦有盜心

在淚堂者主爲下賤勞苦不絕痣則表嫉妬之心深

毛髮及小瘠

髮之硬而黑者性剛強細而軟者性細密毛髮之粗細足徵其性情之剛柔

髮細者性緻密髮粗者性粗暴

人心觀破術　六六

髮赤者。頗多感情而性固執。卷縮者心易變。

髯赤者。爲孤獨之相。且多災難。

髯之善於利合者。人亦善於和合。

女子有髯者。身常浮沈。辛苦不絕。

髯之卷縮者。有受公難之虞。

鬢髮亂生者。好虛言。

男子地閣無髯者。不免水難。

髮少者腎氣薄。作事之精力亦薄。

髯赤者。萬事不調。且多辛勞。

年少白髮者。不繼親業。子緣亦薄。手足之毛叢生者。破家產。鮮子緣。

胸毛叢生者。外貌似強。而實胆怯。

陰毛極多與極少者皆好淫。

未滿三十、歲之婦人生白髮者。爲與親離別與夫無緣之相。

髮際不禿而僅禿前額中部者。無自治力多貧困。

奴僕邊之小瘡。（如面刺之類中無膿者、）有口頭之喜。

驛馬之小瘡。主勤務之運惡。在顴骨者亦然。

眉頭之小瘡。恐有火難。（但此小瘡、上有白色、祇具一個、多者不中、）

口角之小瘡。主爲人所憎。

命宮中白色之小瘡。主有一次之喜。一次之憂。

眉毛中赤色之小瘡。主有無理之色情。

地閣之小瘡。主家有辛苦。

眉

眉毛甚濃甚薄皆惡

眉毛亂生者。嫉妬心深。性質不良。
眉骨高者。性剛強。善忍耐。性急而爲孤獨之相。
眉破而疏者。於兄弟親戚。無所依賴。又不能立於人上。
眉八字者。妻緣有變。或無良妻。
眉之上下。飛尖交錯者。終有觸刑之虞。禍及父母兄弟。
眉毛兩樣者。主有異母。又眉上有一字之紋者。終身貧苦。
眉毛中有旋毛者。主兄弟不睦。
眉頭之毛。與他毛反對而逆生者。爲養子之相。
眉中有缺處者。爲有奸計之人。又在右者。與姊妹有死別。在左者。與兄弟有死別。
眉疏如無者。爲狡猾之人。

眉毛中絕者眉中有毛不生之所作切斷之狀

有三白眼四白眼等之稱乃黑睛就上下之一方而三方白或

眉之中絕者。無兄弟親族之緣。命運多浮沈。

福堂之際。眉毛七八根雀起者。當時有勢力。其毛爲一二根而勢尙佳者。成事之相。其毛衰敗者。遇事難成。

眉毛粗硬者。主剋妻。住居無定。眉之左右不齊。一高一低者。有同父異母之兄弟。

目

瞳如車輪而色黃者。曰鷄眼。爲橫死之相。好殺生。

眼梢下垂者。諸事無結果。

婦人之眼白多者。剋夫。性急。男亦性急。

目之左右相異。或上或下。或大或小者。乏兄弟之緣。著謟辯。

黑瞳之三面見眼白者。好僞行。多慮言。

上下左右四方皆白此爲毒心之相

眼中多水氣之人其睫毛必濃

目之下瞼一直。而上瞼彎曲如弓者。爲淫亂之相。

目之白球作靑色者。有作事垂成而自破壞之癖。婦人則有毒惡之性。

目之白球有斑點者。爲百事難成之兆。

目大而突出者。破家產乏妻緣。女主尅夫。

瞳子中有翳如烟者。爲近將病目之兆。或來大難。

由相者詳察其目時。張開其目。瞳子接於下方者。凡事秘不告人。而包藏於心。女則心志頗弱。對人多疑慮。作事多秘密。

眼之瞳子常在上部者。心志高尙而好勝。期望遠大。若爲婦人則有精神病。爲心地不淸之相。與夫及子之緣薄。瞳子之位置常在下部者。有盜心。爲奸謀。

眼多水氣。如水之下垂者。主好淫。(但常爲人愛)

印堂

印堂狹窄者。爲多病之身。心常焦急。與貴人長上。意見不合。

印堂極廣者。體健少病。但無自治力。雖有吝嗇之相。然臨事姑息。反不免有浪費之舉。

印堂中有缺疵二三。形如痘痕者。爲養子之相。

印堂中多縱皺者。爲心性不良之人。

縱紋多者。性輕薄。若其紋成川字狀者。作事運惡。爲客死他鄉之兆。

命宮有缺者。爲横死之相。

命宮有懸針狀之紋者。主尅。妻。害。子。又。爲。別。離。乃。祖。之。人。

命宮有十字形之皺紋者。命運惡劣。與妻離別而至異鄉。

命宮有如八字形之縱紋者。妬忌之心深。顯榮之望鮮。種種之雜紋亂入

者多乃劍之難又一生之間有大危難之事

田宅

田宅肉薄者有才略深陷者腎薄破家

田宅肉豐滿者性易感動有恕人之情善保其家

田宅狹者生時殺貧廣者其家盛時所生

若生於貧家而田宅廣者爲養子或安閑之人婦人則爲妾娼等

生於富家而田宅狹者承家業則破其產

田宅廣者有風雅之心其志寬大

田宅狹而目深眉秀者富決斷力常見靑色者有居住之苦爲心地不良之人

皮細而筋立者有建築家屋之勞遇事每生故障

田宅大有關係於風流之志

紋即皮皺之稱

有痣者。爲人所累之事不絕。苟有祖傳之產。則必漸次減削。

婦人之田宅廣者。定姻必早。

額

額之低狹如削者。運惡。與尊長。意見不洽。

額狹者爲弟之相。兄而額狹。則不承家業。又弟苟額廣而兩角高者。得繼其家。

額削如板者。心志甚銳。又去。故里。

官祿之邊有肉。皮亦豐厚者。雖爲弟。得繼家產。

皮豐厚而有三紋者爲貴。

中央凸起如峯。其上有細橫紋者。爲狡猾之相。

額上有種種斷細紋者。困難。之事。不絕。多關。於尊長。

婦人額紋。降至兩鬢之邊者。常爲夫勞苦。

額狹者賤。慾心深。早年辛苦

正中有疵者。屢遭火難。

婦人之額廣而髮際高者。屢變姻緣。命運不佳。

額上常如塗油而光潤者。其心不耐辛苦。故願望不遂。

額上有如八字之紋者。妬忌心深。不能榮達。

額紋一條者。不得死於牀上。有二條者。運惡。四條爲孤獨之相。

官祿有細紋無數者。爲勞苦之人。唯婦人則爲吉相。

小皺亂生者。命運不佳。離故鄉。而居異地。

耳

耳中之輪突出者。爲弟之相。不承家業而獨立。

耳之色佳形大而高聳者爲上圓而大者反不如有

耳之形小者。心怯而性易感動。形大者。爲人寬大。

垂珠小者。性急而有才力。唯少誠實。

垂珠大而厚者。性寬厚。才雖少。然頗誠實。

耳之高聳者。有智。低下者。智少。

風當之黑子。主逢火難。又有聾耳之虞。（風當者、耳孔邊緣、突起之小物也）

耳輪有黑子者。主聽不宜之事。唯上部吉。下部凶。

垂珠之黑子。主有財。珠邊生毛者。遠其親族。

耳如緊貼於頭者。爲顯榮之相。

耳之色紅白者。有智。運佳。唯其色較面色白者爲佳。

耳高出於目者。爲人之師。

肉面長者之皺有智慧

鼻之肉硬而瘦者必爲偏見之人

有衣服緣

鼻

皺多而細且爲縱紋者。無妻子之緣。安身之事亦遲。

鼻殊大而口小者。妻子緣薄。有子則有辛苦。

鼻之硬軟。足以察其心之剛柔。

小鼻怒張者。聲勢頗盛。縱有危事。多得免。有福分。（怒張者小鼻高出之謂也）

小鼻若無者。子緣薄。福分少。

鼻瘦削骨立者。心性不良。

鼻穴大者。命短。小者吝嗇。

鼻頭高大者。勢強多福。其人無論善惡。均爲有勢力之人。

小鼻有勢者。有衣服緣。無勢者。無衣服緣。

者謂有好
衣服之辯

鼻梁高聳有肉者。壽長。

鼻梁有紋者。多養他人之子。

鼻梁貫印堂者。有美貌之妻。

鼻色赤者。有逾分之望。而多失敗。為自大之相。

準頭有小孔積垢如黑子者。為橫死之相。

準頭色青者。下部有病。色赤者。好為投機之業。

準頭之黑子。主有刑事公難。但有在家族之內者。

鼻根兩目之間廣闊者。乏籌慎周詳之心。

鼻根高狹如摘者。無親戚之緣。臨事縱有才具。然多失敗。

鼻根有段如鳥喙者。為任意妄作之人。

鼻之中部。肉豐滿成段者。親切而有智慮。

鼻孔成鈎狀者。愛情頗深。

鼻尖突出者。心陰險。好弄奸計。

貴人鼻低者。心底卑賤。不能永保其官祿。

鼻短者。性急。壽命不長。

鼻長者。性緩。壽命亦長。

鼻有骨節者。不承家業。雖得獨立。然終不能全其家。

鼻之中部有橫紋者。中年有大敗。

鼻有橫紋而深者。恐受車馬之傷。

鼻梁有紋理甚長者。至三十五六歲。必有變故。男則有刀劍之難。女則有生產之危。

山根低陷者。有膽病。女則不利於緣談。

兩目之間。鼻柱廣大者。適於雕刻書畫。有善判大小形狀之殊能。

命宮（兩目之間也）骨高者。善權衡事物。

法令

法令廣者。商賈亦廣。多爲人所知。狹者反之。

法令深而有枝者。中年改業、或曾爲二業之人。亂枝則爲雜業。

法令長迴地閣者。壽至百歲。至腮面而止者。得享八十之壽。

法令二重者。爲二業。三重者。爲三業。

法令斷者。短命或多疾病。短者亦同。

法令銳而不曲者。無藝。

法令曲者。於金。銀。上。無。大。故。障。

法令入口者。爲。餓。死。之。相。或。患。腦。氣。病。

法令有黑子者。患足疾。又不適父母之業。而營別業。

法令有缺陷者。不好業務。雙親早喪其一。屢變家業。

口

口小者心小。即細小之事。亦有驚惶之癖。

口小者。資産家業亦小。大則亦大。

齒之整齊者。言語誠實。不整齊者。多虛談。

齒雖整齊。然其間有隙者。爲虛言之人。又於親戚無所依賴。

口脣上下皆厚者。忠信之人也。薄者反之。口角緊締者。心有節制。

口角向上者。主貴。善文學。向下者。無誠意。爲人所憎。

上脣突出者。性粗急。下脣突出者。固執己見。

牙之尖者。好肉食。牙端廣者。好野菜。

口似小而大開者。爲大貴之相。

口大者期望甚大。有破家之虞。

口中多水氣如涎者。雙親必早喪其一。子緣薄。有去作養子之事。

齒之短小而白者。不能立於人上。且有刀劍之難。

齒之不整齊者。親緣薄。苟永在親之左右者。必爲秘藏之子。

齒長者有福。縱有危難。每得幸免。

齒向口腔內屈者。爲性極固執之人。

上部門齒二枚之內。有尖屈者。不孝於親。無妻子緣。去故里。

門齒之尖者。不善於親族之交際。

當門三齒異於尋常者。心毒有賊心。表面雖不怒。而腹內有害人之心。

人中

人中不緊縮者。其心亦無節制。

人中無毛者。望事難諧。唯富於忍耐心。且有才。

人中有橫紋者。常爲子而辛苦。若兼溝淺則無子。

人中毛滿者。易於知足。然少才力。

人中有二橫紋者。有水難。女則難產。有黑子者。生二子。

人中常呈暗昧色者。爲無陰德之人。

人中之邊緣常赤者。有兒女之勞。

人中之邊緣常黑者。生計上每有故障。

人中之端微高起者。縱有福相。然多窒礙。

人中有縱紋者。主養他人之子。

人中長者。壽亦長。

人中短者壽亦短。

人中廣而深者多兒女。

人中狹而淺者少兒女。

人中上狹而下廣者多子孫。

人中上廣而下狹者少子孫。

人中上下均狹而中廣者雖有子孫。然疾苦難育。

人中平直而深者多子孫。

人中平而淺者無子孫。

人中細如絲者決無子。

人中屈曲者。爲無信實之人。

顴骨及輔骨（輔骨者腮之後部耳下之骨也）

顴骨高者。性急而暴戾。又爲意志淺薄之人。有破家之恐。唯無論善惡。其勢力頗強盛。

顴骨橫高者。雖有勢力。然對人則無勢。且意志甚急。

顴骨高突而逆耳際者。雖爲下相。然爲師匠之人。

顴骨左右不同者。事不遂。心與人之交不久。其心志亦難即定。

凡顴骨高者。嫉妬之心頗深。

顴骨低如無者。無幹事才。精力薄弱。但眼銳則大吉。

顴骨突起而狹者。子緣薄。多勞苦。爲孤獨之相。

輔骨高而尖出者。固執己見。爲人所憎。但熱心商業。善於勞動。

輔骨尖出者。慾心頗深。低者反之。

輔骨無肉而尖出者。與人不睦。縱有一番榮達。然終至衰落。

轄骨高起者。爲人所憎。平而有肉者。有人望。

魚尾

魚尾有短紋者。尅妻。其紋一條則尅一妻。二條則尅二妻。長紋則不然。

魚尾之長紋入鬢者。不死於家。又與妻離緣之事。及於再三。

魚尾之紋長過奸門者。住所有變。不能久居。尅妻且好淫。

魚尾凹而無線者。長於黠智。以非爲是。唯因婦人之事。而受災難。

魚尾有痣者。性極淫亂。每因婦人而受災難。

雜

面色赤紅者。感情頗深。唯性急劇。

面色蒼者。輕浮而多虛言。

面色白者。性柔順。

面色黑者。性剛強。

貴人以面白爲貴。常人以銅色爲吉。

面瘦身肥者。性靜。不急。壽命亦長。

面肥身瘦者。性急短命。

面皮甚薄。緊張如鼓。面而光滑者。爲晚年衰落之相。婦人主與夫慘別。

婦人鼻瘦而細者。其夫之命運常不佳。且又短命。

地閣有橫紋者。主有水難或住居之辛苦。(短而相交之紋也)

頤骨引入後方者。性粗忽。無發達之望。

頤骨方形者。棄家業而繼承他人之名籍。

結喉過大者。凶死於旅中。

結喉橫紋深印者。有縊死之虞。

結喉尖出者爲不正橫死之相。

男子地閣無髯者有水難。

遇災難而小便起泡者終免於難。不起泡者危。

入家門時足音高者苟不誤大事則心性必奸險。

頭部耳之上部高起骨立者寡言語有奸才爲陰謀家。

頭較普通爲大者心無節制。又小者慮事不周無發達之望。

頭後長者情義心深有丈夫之志。短者意志淺薄且又心怯。

項圓與尋常特異者爲大貴之相。

少年生白髮者不承家業子緣亦薄。

面之中低者心低。中高者心高。

頸筋粗者命長病少。

人心觀破術

頸筋雖細。身瘦者吉。

頸筋高起延長者。享身分相當之生活。

顏面手足等多現青筋者。性躁急。子緣亦薄。

青筋爲肉所包者。體健無病。有子緣。

足部之筋。蜒蜿如蟲狀者。壽長。

言語聲大者。無心計偶有之。卽顯露。

言語小而語尾消失者。爲奸邪之人。

目瞬不停者。性躁急。多破家心亦怯弱。唯有才氣。

顴骨雖低。眉目則有英銳之氣者。有勇氣。

法令廣者・商業亦廣能用人。狹者反是。

子孫局之。肉則如腫脹者。主淫亂。

子孫局之肉不堅緊者。子緣薄。
魚尾之線向上者。其妻心志強勝於其夫。
魚尾之線下垂者。其妻心志弱。
目梢之紋向上者。心激烈。多才能駕御其妻。
目梢之紋下降者。心無才幹。不能駕御其妻。
爲弟者有冢子之相。必能繼其家業。
女人髮之天中或邊地有黑子者。有情夫之難。若爲上流之婦。則與夫有離異之事。
雖有夫婦離緣之相。然苟爲鄉間之人。則離緣之事反鮮。
有養子之相而不爲養子者。則雙親之內。必有其一有變故。
相人而難判其爲長子或次子者。必爲獨養之子。

地閣有黑子者。家緣薄。縱有家宅。亦無終身安居之念。若能久居。則土木之事。絕少間斷。

足甲至薄者。家緣薄。晚年不宜。

住都會之人。邊地有障礙者。不利於赴邊地。

鄉間之人。邊地有障礙者。宜赴都會。

在高位之人而和藹可親者。得永保其位。

近眼之人。家族之緣薄。又心中不合。

頰肉薄如削者。不能承其家業。

無散財之相者。無大發達之望。

面部之左右大小而有異色者。有離緣之事。

貧相而有金錢者。必爲守財奴。

容姿極美之女。薄於子緣。

嫡子而爲養子時。法令必成爲二。又長子爲僧侶者。亦有此相。

鼻孔耳孔均小者。主吝嗇。

耳孔至大之人。見聞甚廣。唯不蓄金銀。

枕骨高出者。自負心強。又長壽。低者反是。（枕骨者頭之後部之骨也）

女之垂頰者。多產兒女。

腮骨二分者。遠赴他鄉。又爲橫死之相。

屈首而行者。男女皆晚年不宜。主有心計。

鼻孔之肉極薄。準頭如分爲二者。有肺疾。

女人之髮。貼生於耳際者。爲餓死之相。

與人談話之時。屢舐其唇者。爲虛言之人。心性不良。

龍宮(子孫局也)暗黲(如雀斑之淫痕也)低陷者。為孤獨之相主有淫邪之非行。

瞬目頻繁者。不能保錢財苟欲保之則百事反敗。

第三編　天禀及命運

十種十二類性質之總訣

十干說

區分天禀為十種者。為十干說基一年四時之變遷配陰陽交錯之理而成十種。前章所謂人之性質命運係關於其生年月日者。性質為十二類。即十二支說。故讀者欲由是而知天禀性質。則第一種為甲。第二種為乙。第三種為丙。第四種為丁。第五種為戊。第六種為己。第七種為庚。第八種為辛。第九種為壬。第十種為癸。如甲年生者有第一種之天禀。乙年生者有第二種之天禀等。十二類亦然。子年生者。為第一類之性質。丑為第二

教育之力其足以揭制天禀

天禀之特質不能以人力使之變化

有得失之原因

類。寅爲第三類。卯爲第四類。辰爲第五類。巳爲第六類。午爲第七類。未爲第八類。申爲第九類。酉爲第十類。戌爲第十一類。亥爲第十二類。然甲午之年所生者。有甲與午之兩性。或偏有一方之性。又在春時生者其性質有去年之性。較生年之性尤強。此因胎居十月之中。以當年之十干十二支爲其性。由教育或其他之事故。而其中之一干或一支強度發達也。例如甲午年之十月受胎。翌年乙未之七月產生者。其性有甲乙午未四樣。甲午與乙未。如三與七。故爲甲三午三乙七未七之性。此中若爲惡事所圍繞而生育。則甲之易怒。午之輕薄。乙之憂鬱。未之魯鈍等惡性必旺。苟由善良之教育。則能使甲之英斷。午之快活。乙之意匠。未之德義等非常發達。雖然。無論由何方法。終不能養成寅丑丙丁之特質。此所以教育之外。有天禀。勉營之外。有天運。人人皆不能無得失長短之原因也。

序卦法萬物變化之原則

求福於未來防禍於未發之法

其餘之六十機則依易之序卦法。即所謂萬物變化之原則。天地間森羅萬象。均無不與此原則相應。人之一生事業之興廢。亦悉與此原則一致。故事之始也。其初必當於第一機。漸次移至於第二機第三機。故其事已移至第幾期。即能預知其將爲如何之機會。而先爲之備。可防禍患於未發。定幸福於未來。欲活用此機之時。宜考其當於第幾機爲要。大概定一年爲一機。每一年進一機。在小事則亦有以一日爲一機者。（凡以一變化至他變化爲一機。較妥） 故人則以生年爲一機。二歲爲二機。以至四十歲爲四十機。可略察其日之動靜。如會社（公司）則以其創立之年爲一機。第二年爲二機。第三年爲三機。若商業。若工業。皆以其創業之年爲一機。漸次按年移至次機。見機謹愼。可進則進。可退則退。凡進退悉合乎其機者。必能持久而且繁盛。若與機相背馳。則必不免廢絕或衰微著者以之自測。百發百中。無不當者。讀者幸秘之。

天禀十種

第一種

屬此種類之人。性急如雷。有如青天起雲。忽然閃電霹靂。然忽焉無端自靜。毫無影跡。則又如燃火逢風。倏忽消滅。此種現象。爲性急人之所難免。故其爲人也易怒。亦易息。易進亦易退。命運亦然。欲名聲轟於一時。而反忽焉消滅。至人無復稱之。故躁急之事。一切宜愼。此性之人。有君子之風。苟教育得宜。則可成君子之德質。今舉其主要之癖如次。

性襞戾而易怒。一朝發怒。則忘却前後。智慮辨別全無。宛如野猪之猛突。無君親之見界。爲忿怒之念所驅。其所處置。多不自知其所以。雖然此非是種人之天性其天性因受稱爲猛進之性惡教育任性長成之結果設使此種之人由於善良之教育自修則此惡性變為勇猛進取之豪氣臨事果斷之美性又富於事物之觀察力故亦適於研究哲學因有好勝之心苟向正道而進則有發明真理貫徹志望之忍耐力雖然此等之人若一遭失敗則遂忘却前後而起自暴自棄之惡癖若其時慎重將事警省忍耐固得達其目的況此性質暴戾之人有害家庭之和睦蓋家內不和基於家人之憤恨故為家長者宜注意之又其賦性剛愎不聽人言不問是非務期貫徹之有進而無退有莽武夫之狀然此皆非其本性乃進取、勇猛、武斷、剛邁等之美質傾於惡方而出者也若能矯正其惡則悉復於優美之本質矣又有足以注意者其初雖銳進非常幾有破竹之勢然一經挫折則其勢忽焉消滅猶如雷之收聲毫無痕跡此為常人所難免之通病有識者當鄭重將事毋陷此惡習也雖然此種天稟之人與其為永久之事業不如爲急速之事業較多成効。又其人有一攫而得千金。一躍而躋高位之希望。苟教育不得其方。每爾莽從事。而常失敗。唯其性質率直。絕無奸謀詐略。不關於教育之善惡。而要歸有正直之風焉。

第二種

此種之人。其性質有如春風之輕妙。亦如處女之溫和。間有非常激烈。如狂風之怒號者。然大抵皆溫順馴良。故崇尚禮義。處事亦有順序。較之第一種之性質。則前者急而後者緩。前者剛而後者柔。容貌亦自表其氣性。多溫和而美秀。此種亦有適於人倫之天稟。加以善良之教育。則爲高尚之君子。唯其溫良。故人好之。然其癖在於躁急而少沈着。即些微之小事。亦切記於心。故於家內時有不和之象。此種之人。通達萬事。極有才幹。日用小具。好自製之。女子則尤擅針繡。學習琴絃歌舞之類。亦易於熟練。且善攻研事物。故能多所發明。其缺點在少勇猛邁進之氣象。所謀每多不遂。唯當爲事之時。能整然有序。凡事概有成効。又其性質不好爭。肯爲人周旋。祇以稟性躁急。易致發怒。因而敗事者有之。宜注意焉。要之此種之人。失敗雖少。然大事每不能遂。與其進取。寧樂於退守。好鬪。忠信。溫和。謙遜。等之事蹟。不好鬪。武勇。剛強。等之歷史。有風雅高尙之志。正直謙遜之心。唯由於不良之教育。遂愚昧而拘泥於事物。成爲因循姑息之人。可不愼哉。

第三種

此種之人。明如日光。智德俱備。苟教育得宜。則成智德圓滿之人。概可稱爲善良之性。故此性之人。益當勵其研攻智德。加以覺悟迷。而多好文藝讀書。故文豪之輩。多出於是。又敏於道理。考察事物之既往將來。有先見之明尤能詳察是非好爲公明正實之事故於裁判官之性質最爲適切。然此種人之癖質當事常易移動目的亦屢變更今日此業明日彼業而不能專心一事故其事多雜遂雖然苟能專於一事進取不變則其成就必較常人爲速宜注意之又此種之人待人接物殷勤周到無論對於何人決無失當之舉動唯與親族朋友多意見不合其美點在於知恥不肯作虧心之事無絲毫邪曲之念見人之邪行則不堪忿怒不徇情面卽呵責之又稟性淡泊無固執偏愛之心此亦由智力之發達養成公明正大之美性故能如此也其性不偏頗而淡泊如此故信實雖似淺薄而實則非是親切而能體察人意仁心頗爲深厚又運勢縱有浮沈而無大失運勢一般雖吉然住所多變大抵不居故鄉妻子緣薄結婚早則不宜稍緩多吉。

第四種

屬於此種者。猶如燃火。有由此及彼。移燃不靜之象。忽起忽消之勢。處事縱有熱心。而時或無影無蹤。棄之若忘者。雖然。若一旦得遇機會。乘勢而進。則其狀宛如星火之燎原。非常劇烈。又此種性質之人。如火之因材而燃。必須因人始能成事。例如。獨學無益。就師則善。獨立獨行不宜。必借助友朋。仰事則主方克有濟。故擇人最宜注意。凡關於學術之事。皆有進步之性。富有幹才。無論何事。易於領會。凡事皆能勝任。故人器重之。加以才具合於時宜。長於機智。善察人之心而投其意。諸事精密懇切。有雅好風流之性。有文學者。得為優秀卓越之文學家。又此種之人。不忘舊怨。難斷復讐之念。此微小怨。不即圖報。而隱忍之。迨至調停不遂。忍無可忍之時。則即不受調停。毅然決裂。古來此種之人。對主君謀反者。其例頗多。此種之人。苟受不良之教育。則常計陷他人於危險。有乘人失敗。以圖利己之譎心。若立身於國家樞要之位者。將乘國家之亂而爲盜國之奸賊。又於父母妻子兄弟等。皆無誠意。對於他人則待遇雖善。而不知恩義。多爲無情無義之徒。善此種之人。實爲救治沈疴之奇藥。乃轉其用途。即變而爲殺人之毒劑。教育可不慎哉。

第五種

此種之人。恰如山之坦然不動。至高無上。秘藏萬寶。產生庶物之性狀。俱備自信心強。故進步甚遲。又頗好奇。巧於細工等。爲他人所不及。不容人言。有偏執之見。且有勢利之心。不善與人交際。故不能得衆人之愛敬。雖有大欲。以無人望。多不克成就。又好爲人謀。周旋不厭其勞。此種之人。苟教育得宜。則有俠士之風。且富於義心。然教育不良者。雖似具有義心。而實際不然。徒汲汲於攫奪權利。加以名譽心雖甚。而頑固不諳理義。不得爲高尚之人。又對外則蔑視他人。固執己見。不問其事之是非。亦毅然爲之。然對內則柔和異常。有保全家內安寧之性。以上爲由不良教育而養成之惡質。苟受善良教育之薰陶。則有坦然之度量。沈勇之氣魄。秀卓之眼力。善能察人觀機。立人之上。所謂棟梁之才也。此種之人。適於軍人或警官等職。

第六種

此性之人。有誠意同情之心。頗富見人之苦。則忽起憐憫之情。甚且挺身而救之。因而受累者不鮮。又深於情誼。而好爲人周旋。人多慕之而來。故大宜於集衆之業。特身當重任之時。待人不偏。頗情深而惠厚。爲衆望所歸。處事熱心。故多成效。此種之人。作事穩靜。爲人正實。好爲毅然而定之事。見人之未就職務者。直視同已事。欲使之一一妥定而後快。有借貸以濟之者。苟人有所請求之時。則無論若何均肯擔任。此性縱有福分。然爲子孫而辛苦且爲人之苦勞亦不絕。雖常救人恤人。而報恩者殊少。一族之人。爭相削其富而取之。若此種之人。受不良之教育。則其誠實善良之性。必變爲愚昧庸劣之質。臨事無決斷。因循退縮。無進取之銳氣。徒爲奸人等所愚弄。而至於大失敗。可不慎哉。

第七種

此種之人。有貴人之風。如金銀所鏤之飾物。雖高貴而優美。然決非眞實之高尚。苟教育得宜。或生於高貴之門。則自有高尚之處。思慮亦頗深沈。或有上人之風。或有大丈夫之氣。不流於下賤。常有家主主君之性。其智足以辨正邪。有助正辟邪之義氣。加以仁慈之心。深高雅之德。富與其以財立身。爭賛道義之精神以立脚。勇猛精進。其天稟之美德。益得開發。而爲人之師君。又因其心機靈敏。長於審慮事物。故適於精神上之事業。此種之人。若生於富貴之家。而教育不良。則好無益之裝飾。揮金如土芥。中年必傾家蕩產。一無所成。此性之人。對於諸事有恐懼之癖。質言之。卽疑心多而有懦怯之性。其外貌雖有可觀。而內容實不足取。在中等以下之人。則屢遭失敗。命途多舛。仕所屢易。事業多變。基於其有迷惑之性也。此種之人。若爲婦人。則尤須注意。蓋此種特性。本爲家主主君之命運。故婦人當此。多爲女戶主。或無從夫之性。而屢易其夫焉。

第八種

此種之人。好熱鬧。有使人喜悅之性。音樂爲其所好。性質溫順優美。唯易陷於柔弱懦怯。有因人成事之心。精神亦不能振作。非有後盾。則不能決斷行事。又縱有小才小智。每誤於因循姑息。致不能成大事。且易耽於遊惰之癖。富於好奇之心。見異思遷。故其心志易變。事業屢更。然辭令巧妙。善能以甘言悅人。若爲受惡教育之人。則浮薄而無義。心更無情誼。吝嗇非常。凡慈善之事。一錢不名。浪費之事。則多金一擲。其小才與辭令。足以欺世。其爲人也。容貌美秀。苟教育得宜。則優美之天性。出衆。長於美術工藝。嫻於音樂。無殺伐傲慢之氣。風善與人交。能得衆人之愛敬。若爲中流以下之人。則爲藝人。或優伶。而爲人所歡迎。此種人之所當注意者。臨事少沈着。處事無決斷。故必心常警戒。矯正其癖。否則一事無成。沒世無聞。

適於此性之業。爲美術家音樂家藝人技師等。

第九種

此種之人。性質柔利。少時多病。漸次進於健康。千辛萬苦。而後成就所望。

譬如河水。其流之初出也。不過小泉。其經路或爲巖石之間。或在幽邃之際。有時屈折。有時飛射。歷千辛萬苦之後。始入於汪洋之大海。此性之人。精於諸事。愛憐之情深。仁慈之心富。明於道理。又有雅好。多養人之風。大抵不居鄉里。必至異地而自成一家。設或不能自成一家。則必繼承他人之名籍。又與親族意氣不合。才智頗深。唯少決斷。故不能獨立行事。而必依賴他人。雖得仰承家業。然大抵終至破產。其教育不良者。行爲多不正。巧辯者。爲長於欺詐之人。此種之人。宜施以剛強之教育。否則毫無意志。不免有柔弱如婦人之癖。適於此性者。爲文學家。宗教家等。

第十種

此種之人。宛如潮勢。有善逆物之性。巧於謀利。好爲一攫千金之圖。善用策略。攫奪權利。又好議論。駁斥他人之說。不聽異己之言。雖有智謀。然以不肯與人共事而多敗又此性之人萬事皆能勝任頗爲人所器重唯性情暴戾一朝反目則復讎之念固結不解其與兄弟親戚意見不合常依他人而立身然無溫順服從之性度人之勝己者常與不睦又有去故鄉而成事之志大抵必赴都會此種之人由善良之教育以養成之則親切而善爲人謀好養多士企圖大業以利世而益人其爲人也頗有才智精通事理爲其天性

性質十二類

第一類

此人之特性爲吝嗇恒思蓄財些細之微亦以貯積爲樂因是急於見小利而疎於圖大益其人小事雖可任然不能任大事小役雖可任然執掌金銀之大役則不能任唯心頗靜有自然之福故困於生活者甚少此貯

嗇心厚之所致也。又純孝性成。有慈愛之心。待人寬厚。有憫窮濟困之念。則又不似不素之吝嗇。而甘擲其苦心積蓄之錢財。以救人之患難。又好創業。無依賴心。故著手種種之事業。而多不能遂。又信神佛。有信任他人之念。大抵此性之人。極其吝嗇。因此難成大業。然有相當之福祿。終身亦難。但於官位則緣薄。此人之容貌形小而色黑。其好惡分列如左。

好：素食　素服　粗器　積蓄　委貨　勤勞　正直　通常品
　　賤業

惡：美食　無用器　美宅　施與　賭博　徒費　音曲　酒宴
　　虛飾　珍物

此好惡之二癖。為略示此類之特性。而提撮本文之意義。或因習慣境遇而起種種之變化。故亦不可拘泥。唯以其饒有興味。故揭之以資參考耳

第二類

此類之人性慢而有忍耐力稟性固執。不易聽從人言。苟其意之所在。務達貫徹之目的。此癖於學業上。雖易上達。然拘執不化。難改舊習。吝於捨舊謀新。致失時機。其學業之發達。亦比較的鮮少。此其最當反省之點也。有此等性質之人。不顧事之是非曲直。百方辯解。而遂其意。決不以高慢不遜爲之。又得權勢。則有以上凌下之氣。多訥辯。不善交際。率直而不能迎合人意。故或爲人所憎。然其性正直。人亦恕之。又心地沈着。所謀莫不條理井然。唯規畫雖詳。不易出口。有秘密忍耐之性。稟性深沈。故絕無倉皇失措之事。苟教育得宜。則有百屈不撓之氣象。而爲武勇兼備之人。棟梁之材也。其運福祿不豐。家內常多口舌。

好 角力 晝寢 默坐 大食 實話 獨立 無事 靜居
確實 大方

惡
- 多辯　戲事　奔走　運謀　作僞　應酬　虛飾品　劇烈事
- 商議事

第三類

性勇猛。知進而不知退。有好勝之心。長於目前之才智。自負心強。而抱大望。苟受善良之教育。則必能成大事。又雖苟且之事。亦不肯居於人下。忌受人之指揮。每鳴不平而非難之。又有威刼他人之意。因欲勝人。故雖貴人不憚。有使人服從之志。常謀一躍而躋高位。惟其急卒。故多失敗。心常焦躁。無忍耐力。故其爲事。初雖如黃河之潰堤。勢極猛烈。其後漸次衰落。如火燄之消滅。昔日之氣勢。遂歸於無。何有之鄉。洵毫無毅力之人也。此與前述之第二類。適相反對。第二類性慢忍耐。第三類性急勢烈。前者手段拙劣。而茲則甚爲巧妙。一切準此。又第三類富於智慮。縱有反省之念。

然絕無後悔之容。胆力殊小。常故作剛強之態。於文藝學術。頗能發達。唯不適於農工商賈。爲軍人則有顯榮之望。又家內不和。雖好節儉。而有競爭之心。貲財殊多。其運勢官祿皆備。

好 { 外表事　虛飾　武器　偉大　任意　勇猛　惠與　立人上
　　賭博　大言諷語 }

惡 { 謙讓　賤業　儉約　無禮儀　小事　喧噪　依賴　服從
　　陰鬱　立人下　金談(錢財之談也) }

第四類

此性之人。悠悠。不好爭。故自然得衆人之歡心。而有福分。爲進退平穩之人。故雖如第三類之勇進。然亦能知自退。又無一攫千金一躍而登高位之計。凡事不躁急。坦然有君子之風。無論爲有司。爲商賈。皆足以致富貴。

唯遲鈍而不敏捷。不能當事立决。雖有志趣。然每逡巡觀望。不能實行。慾望不高大。其心有爲酒食所奪。且易耽於女色。以其厚於人情。易爲奸人所誑。故宜愼於酒食色情。則一家之幸福可保。職業不適於商人職工等。而適於醫生畫師。此性之人。心柔和。慾望不甚強。故難成事。若爲婦人則受衆人親愛。有貴人引援。性溫順而不固執。亦不多辯。無嫉妬之心。但稍乖第三類之性。則其趣大異。又屬於此類之人。無論男女。皆有悒鬱之性。常帶憂慮之風。此微之事。亦懸懸於心。惟與人應對時。卽不露其氣色。蓋交際上頗圓滑也。

好：美食　無聊　閒暇　朝寐　古話　休息　靜居　施捨

惡：紛爭　錯雜事　思考　奔走　努力　諂諛　節儉　究理　禮儀

第五類

此類性質。恰如彈丸。其進甚急。所得之勢亦盛。然急而盛者。破壞之事因之亦多。故性急者。益當注意。其面常現怒容。交際上甚爲不利。且有傲慢之氣。即些微之事。亦能引起議論。縱已情現勢絀。猶復強詞奪理。有剛愎自用之癖。百事遂由此而破壞。又傷友誼。故共同之事。皆難成就。然對於服從於己者。則又親切周旋。投資擁護。大抵此類之人。以眞實之親切心爲第一美點。以性急而好勝。爲通弊。然志趣甚堅。諸事精細周至。以謀確實穩固。無雜亂或等閑之處。其才於萬事皆能勝任。好研攻發明。深究事物。其爲人也。勇氣智識俱備。故能得人和而成大業。逆勢縱有浮沈。但宜於貴人。而不宜於中下之人。

好
- 嚴酷　殺生　危業　激烈　凌上　侮下
- 惡食　自負

惡：
- 怯巽　依賴　條理　愚魯　謝罪　受謙讓人之指揮
- 粗末　等閑　株守

第六類

此性雖爲穩靜沈着之人。而妬忌之念甚深。見有勝己者。忌憚之心。無時或釋。常思排擠他人。以圖自進。大抵色情之念強。而嫉妬之心深。縱有操人心意之氣慨。而易爲愛憎之念所制。致不能爲公正之鑑別。又希望較其身分爲高之事。而惡賤業。己雖驕人。而勸人謙遜。又此性之人。長於文藝。萬事有才。智。高尚。而富於忍耐。勤勉之力。故有相當之福分。不好殺伐武斷。對外雖柔和。而內心頗堅強。大抵此類人之當反省而注意者。因嫉妬心而生之一切害難是也。其容貌多美麗。且頗莊嚴。有品格。世之美少年美女子。多屬於此類云。

好（華美　思索　裝飾　美服　名譽　默居
　　積蓄　懇切）

惡（多言　先覺　交際　喧嘩　機事
　　急遽事　他人之美行）

第七類

此性之人。陽氣。而。好。繁。華。又。頗。愛。交。際。心無蘊藏。善合人意。故爲人愛戴。受人援引。不厭家族之繁多。喜有衆人之出入。善能養人。善爲人謀。又好美麗之裝飾。揮霍貲財。殊多繁華之事業。甚宜閑靜之事業。不適其陽氣。如日之方中。適當正午。爲陽氣極盛之時。故富有投機之心。多爲大事業。大商業。又善合人意。故交際上頗圓滑。且善與人和合。唯其易合。故亦易離。而多流。於輕薄。又其志望雖大。然才具狹小。思慮淺薄。多不能成事實。

又怒則卽現其情於外而不能自制其意志易爲人所觀破多爲妻子所算自戒之力甚久而不能守秘密有因酒興等而不覺發露秘密之事切宜注意又此性雖似怜悧而實際智慧者鮮真所謂徒有其表而已又遇事易起驚惶無膽力乏忍耐持久之性故業雖盛而不能永保好美食多傾家其生於富家者成長之後有破產事福運雖可大盛而終不保但決不至陷於窮乏之境此類之人因多辯多淫致招禍患宜慎之

好
- 繁華 虛飾 滑稽 發給 音曲
- 液類

惡
- 理論 秘密 文事 節儉 辨別 長坐 獨靜 仁義
- 乾食物 堅守事

第八類

此類之人。柔和而殷勤。好爲人周旋。智慮頗深。故最適於研究萬物原理原則之哲學家。古來此性之人。從事於此等科學者頗多。以其好爲人周旋。每引受人之困難。煩累不絕。禮儀嚴正。處事忠直。雖有避爭求和之美性。而從幼即如老人之憂愁過慮。致多失錯。常陷於躊躇。而無機敏果斷之風。又心志薄弱。如老人每遇大事。不能專斷獨行。其心之所思。不發於言。故有人不能知之煩悶。對於逆己之人。亦不即反抗。而發激烈之言。有面前容忍而暗中規諫之事。

好
正直　音樂　學術　陰鬱　神佛　風雅　細巧　洒掃
仁施　理由　奇品　衣類　庭園

惡
危道　塵埃　急速　強勸　激烈　汚穢　勇猛　爭鬭
違約　邪曲　繁盛　不情

第九類

此性之人大胆而有奸才。雖有才智。然不知由正理而進於正道。故有制人之才。而無服人之德。好賭博。希冀以一取十。殘忍不情。喜圖欺人。慾念頗深。而不懼物。倘此人向善而進。則亦有英雄之風。蓋其智慮深遠。大胆大度。臨事不動。終足以當大事。然一變而趨於惡。則長於黠智。成爲詐欺者。流計陷世人。心狠手辣。將成爲大惡人。而流毒於世。又此人如猿浮躁性成。不能專心一事。有懸心萬事之風。諸事輕率。情誼亦薄。故無人望。苟此人而教育得宜。使其性不流於輕率。養成愛人服人之德。則足以勝人而大可發達矣。其運命官福祿皆備。無若教育而營賤業。則困難重重。不免貧乏。有高等教育者。其爲發達可無疑矣。

好：被依賴　思慮周密　爲人周旋　媒介　淫蕩　摹擬
　　諸舞　繁盛　休息　隱諱

危險　委實　公正　愼言　窮屈　靜居　訴訟　儉約
惡
風流

第十類

此性之人。智慮殊深。有風流之心。而好安樂。耽遊惰。然有自尊自重之風。其他讀書寫字。亦有相當之才智。堪於任用。巧於摸擬。苟教育得宜。則大有發達之望。交際手段。亦頗巧妙。故能得人之愛敬。然頗有野心。常謀大事。好僥倖。貫以無決斷。難期進取。且又惑於諸事。意志薄弱。而不能忍艱苦。忍耐之心亦弱。故期望之成就者甚鮮。縱有優於常人之才智技倆。祇以勇氣缺乏之故。常蹈於失敗。又此性輕佻而色情頗深。苟受不良之教育。則多淫亂而品行不正。與友人謀。亦無信約。萬事姑息。等閑不以爲意。多虛言。巧於媚人。有能煽動他人。使當危險之手段。有高等之教育者。能自省自修。以治其不良之性。發揚天賦之質。其舉動。優於常人。而有顯榮之望。

好：賭博　機智　占先　詐欺　鄭重　隱諱　出人頭地　遊藝　細工　諂媚　策略謀計

惡：委實　鹵莽　漸次　卑劣　率直話　銳進　空論　深藏不露

第十一類

此性之人。志趣堅固。不棄舊事。小心謹慎。注重實行。非理想之人。而爲實行之輩。其人縱無大望。而所志必期貫徹。其進也。知人無害己之機而進。不爲倉卒之舉。凡事皆守堅實。祖宗之遺產。善能保守。而不虞衰落。其人頗有義理。善事條長。能合主人之意。故擇良主人而從之。則必大受寵愛。

雖然。志趣卑賤。無爲君之心。卽些微之錢財。亦與人相爭。諸事褊狹。器量亦小。細術而難免吝嗇之風。又疑心殊深。常探刺人意。因之乏人敬愛。性頗頑固。一旦有所自信。偏執到底。稟性孤高。不肯媚人。有責人以禮儀舉動。等之癖。多爲人所憎。其性頗正直。有親切之義。心善勤勞。無偸閑怠惰之事。爲有忠實信義之人。苟不任意妄作。遷善改過。則必有衆望而福自滿足。

好
- 談理　人　爭勝　助人　俠士風
- 尙義理

惡
- 謝罪　懺悔　繁盛　依賴　消極思想　等閑
- 違約

第十二類

此性之人。剛愎自用。不省前後。徒逞己意。其猛進如野猪。不從父母兄弟之言。非至陷於失敗。自覺其錯誤。則決不止。表面雖如容納人言。而心不易服。腹中縱有憂慮之事。而不與人謀。徒一意進行。計貫其志。又其凝注於物也。熱心一時頗烈。而亦易冷淡。苟教育得宜。臨事注意。有所反省。則始能忍耐。而有成效。此人外剛而內柔。一家之內。縱不足云興起波瀾。而因其剛愎易怒。常不免些細之事。性頗吝嗇。惜小殊甚。惟合其意者。有不計貴賤而購買之氣度。金錢之事。雖得大集。而不甚充足。有渙散之形勢。又此性之人。如猪首之呆笨。不能自由動作。俗所謂不善調度之人也。故交際上亦不圓滑。與人協同之事。均不合宜。

好
順序　委實　強行　獨斷　誹謗　細工
直進　言意一致

惡
熟語　周旋　依賴　靜居　教練　休息
閒暇　思索

六十機

第一機

此機如草之始生尚未發展爲萬事雖有其兆而尚未就緒之機○即就人之住所言亦爲尚未定局之時○臨大河而將渡之際危懼不安故於事業亦爲將始之時必多困難○命運尚未盛時萬事遽進則多敗○此爲萬物漸集之機故其後必有成就○期待之事雖來必遲○要之此機如闇夜沙中拾粟

第二機

此機有所思而尚未決有所望而尚未達有所見而其色不分明關於人

事亦然。有佳兆而尚未佳。必苦心經營而後始佳○爲童蒙之意。雖欲明決事物而不能即成。及兒童之智慧漸生。始漸進於善○不宜急遽行事。○如物在糾葛之時。雖於識別。迨漸次進行。則每個可分。終能成就所思○爲各事多誤解之時。宜慎之○不論何事。當注意爲之○心中縱有所思。然秘不告人。至難以出口之時而言之。亦難達彼岸也○期待之事遲。中途恐有妨礙。

第三機

修養之時。亦將實現○諸事難遂。爲苦心經營之時○諸事急則難成就。反增困難。宜徐徐着手○目的宜待自然。自求多惡○雖有吉事。時機未到。故宜待時之來。恰如遇河而止。不能前進。強欲渡之。則將陷於危險○住居有苦勞。稍有爭論之事。

第四機

此機爲上下各別不相交合之義而爲背爭之時〇心身不安多憂愁〇宜愼爭論〇對於貴人有携貳之心則不可忘其爲尊長之事〇爲諸事受妨害之機〇期待之事不至〇人心不和合以至暴戾不安〇以是爲非以喜爲憂萬事易變故宜注意勿轉動

第五機

此機有不和順之兆有下犯上之事自誇侮人或爲私欲而貽害於人〇有大人之德故爲忠臣孝子則宜若爲常人大抵不利宜愼爭論〇身心有苦勞〇不爲人所苦且將害人〇又有物之綜錯難解狀〇有爲人首長之理宜因事而思之〇所期不意突然成就

第六機

此機爲有所賴而從之有所見而至是之意○爲親者和樂之機乃臣敬君君愛臣之意○有親戚或朋友等之助力故於事業亦能得協力之人或同盟之友而爲興盛之好時機○目的雖得達而時遲然不可疏忽苟忽疏因循則諸事多不成就

第七機

此機身多辛苦常有憂憤之意又爲離物則便利少獨立獨步則難進之意爲事物塞止之機也○目的不能急達猶曰雖得見而手不能取之狀態○爲萬事尚未確定基礎之象○時機未至故雖急進爲事亦不能成就宜忍而待之○期待之事不能急至

第八機

此機雖危而不敗雖驚而得安唯初謀事者多敗○爲物分而再定之機

○有禮義之意。又進步之機。○爲初驚而後喜之機。宜愼爭鬥。○多懷與身分不相應之希望。若目的大。時宜由小漸進。又宜從人而進。不利於退。

○繼續人後則宜。較人先進則不利。

第九機

此機爲奢侈安逸之機。有樂極生悲之象。○又眺皎皎之明月。已過而爲向暗之狀。○在貴人雖多得達其所望。然在普通之人則爲不宜之機。○此機諸事表面雖佳。然內心多憂慮之狀。即自他人視之狀如安逸。而內實有不可言之憂慮。○凡事有差誤。且有勞苦之象。○目的雖難即達。然爲少遠之計。則可成就。

第十機

此機爲事物塞而不通之機。恰如月之隱於雲端。又如寒中黃鳥之待春。

爲所思不能自由之時。○有不適於長上之意。而爲所擯退。○在貴人雖不甚宜。然常人則爲相宜之機。○爲初有困苦而後榮盛之意。故無論何事。其初不能與人共同而多勞。然後得遂其志。○又此機爲依賴他人而人不親愛。說勸亦不得承諾之意。

第十一機

此機爲出世發達之機。萬事有成就之狀。雖然其始少有妨礙。有疑慮。又有退縮之意。唯不至爲禍。○爲人心和合深相親睦之意。又爲闇夜得燈之狀。乃萬事順遂而立身之時。○有爲人提拔之幸。故從人而進爲最宜。○有正象。故無私曲公正之事。得達目的。密事陰謀。多遭失敗。○此機愼勿性急。

第十二機

此機如日之在天。照臨地上。又有穿窗而得光線之意。◯寬仁明白。如衆人之服從於我。然已無得時進步之象。因滿招損之理。而有損失。◯爲親戚朋友或婦人等之事而有憂慮。◯外觀雖美。而內容却惡。◯志望能達。但流於專斷。則不宜。宜與人協商。蓋機已滿。有將損之兆也。

第十三機

此機爲其目的初難達而後能達之機。故雖辛苦困難。然宜耐忍而居於正道。有此耐忍斯得成就。◯有先屈而後伸之象。◯宜如有德者之自卑。謙遜而不傲慢。有禮讓。恰如以山之高。尙安定於地上。爲與其進取。寧爲靜止之機。若剛愎而欲進取。反多失敗。故宜謙讓而諸事暫行停頓。

第十四機

此機有喜悅之義。爲萬物和順。人心和樂而相應之象。有雷奮於地上。而登大之意。人則有出世立身之喜。○君能平治國家。臣能奉身事君。有上下利樂之義。古昔中國諸葛孔明將征南蠻之時。即得此機而得大勝。○有新起事業之意。○怠心生則有大害。蓋將登天而起新業之時也。○此機爲大好時機。故亦有害相附麗。爲當然之事。○有迷於諸事物之意。

第十五機

此機如少女之隨於長男。彼此喜悅。有互相和合之義。○又有因慾而動不義之意。亦爲心中含多情而不安之意。○此乃物變爲善之機。故如變更住所。或去故鄉而旅行。皆宜。○爲目的得達之機。然不追隨他人。或不與人計議。獨斷勇進。以當事時。則多失敗。故宜注意其運用。

第十六機

此機爲門內有賊之象。有破敗之意。○上下不相親而敗壞。爲上不教而下傲慢之意。諸事皆有苦勞困難。爲深宜謹愼之時。願望多難達。此外無論何事。不能任心。爲親人所遠。親子之間。當有憂慮之事。最宜謹愼者。爲爭端。此機有破壞之意。但非永久。破壞有平定之兆。即亂極思治之意。達目的之事遲。

第十七機

此機如小女之從母。爲貴賤相交而親睦之象。故柔和之事皆宜。然剛强者則惡。又有凌物之意。宜愼爭論。有大至之義。故目的宜成就。物事要活斷。有局外來之妨害。宜注意。爲在上之人所推舉。有意外之安樂。此機兼有物之集聚與益及進之意。故終有大吉。

第十八機

此機。如晴天。生有風。起揚塵之象。故有豫想外之事變。而受困難。然有爲人俯仰之意故有出而周旋之人遂無意外之困難○有風吹之象故爲關於萬事之義凡商議等易就緒○又有動搖之意義故凡事物皆有變動之意住所等亦有變動○又如井中有寶物雖有吉事急難成功○始宜而後不宜

第十九機

此機如頤中有物爲與人相離之意亦有物不足之意然非終塞而不通凡事始雖難成其後得遂○有障礙之意故宜慎性急而保溫和切忌爭論○又有物集聚而繁榮之意○銳進不利又退亦不利宜守中和之道○目的中途有妨害然終得達

第二十機

此機有虎出林而遊之象又有飾之意修身齊家學文衣服器具等之優

美亦皆爲飾此飾以其心使於多歧多增進其迷惑之弊故宜審議事物而有決斷○爲立身出世之時亦有目的上達之意然中途有障害急難成就故欲急進則多失錯宜愼性急○有身分不相應之大望必招損小事有利○有因錯誤而與人絕交之事

第二十一機

此機有去舊生新之意爲物變更之象故改變事業最爲相宜然物有空中之象人亦心中多情萬事猶豫思慮尙未決定故多失其度唯事不宜急速變更須漸次移於新事業○有枯木發榮花之象是亦有變更之意宜自此爲新事業○又有物自高所墜落之象人之身上亦有不安之事唯有隨時而止之意其後便往急進則惡物事有失錯且有破敗宜愼之○有自他來之意自我強進殊爲不宜

第二十二機

此機有去而復返之意又有物盡復始之意如斯以順動故吉一度有惡事然又有向於吉事之時諸事能如願成就唯凶年後之豐年又戰亂後之不治尚未能全脫舊態不能悉皆平安○又有重報之意故破壞而復成就○事物不宜一度即止宜再三爲之又熟考之事最爲緊要急則多破○又有從天賜寶之意故有受人親睦及輔助之事雖然願望難即成就愼勿性急

第二十三機

此機無亂事有從天理而動之義無亂事誠也誠而不宜末之有也雖然世人固持誠而愼者少故當此機之人亦多不宜○又有石中包玉之象故目的難達此爲尚早而時未至勉強行之則招災害○多迷惑有失錯

之事○宜由正道而進利慾縱深亦不能達目的

第二十四機

此機爲龍潛居山中而將起之機目的既定將向之而進之時也即爲不安穩之象或就其住居或就其目的事當有困難○對於事物有忌嫌又有恐懼之意心中常含怨懷恨皆爲不安穩之象心中如斯故亦有絕交之意宜愼之○物有集聚增殖之意唯亦有破敗之障碍又亦有紛爭而心不定之意愼勿爭論○要之此機爲聚集又震起之時雖爲極好時機然目的之不能急達者時機尚未熟也

第二十五機

此機爲養育之義雖有諸事成就之兆然亦有時機尚早之意欲速則不達○又有頗含物之意故有多情之勞苦○雖有喧囂之象然有心中所

思。不爲人知之意。故進而訴訟口論等。多不利。又有多人集聚之意。〇凡事愼勿急速。則有頗好之時機。目的大抵成就。

第二十六機

此機。有物過往之意。過猶如不及。常抱不足之心。萬事有難成就之望。〇有自作過失之意。又有不定之意。卽思慮不得確實。而爲迷惑。住所心身亦不安穩。〇唯其迷惑。故不用人之言。思慮錯誤。應有困難辛苦之事。宜深加注意。〇有表面雖佳。而無實際之意。〇始則所思不遂。而有苦勞久後有榮盛之意。〇有危意。小事雖佳。然大事概難進。則不利。

第二十七機

此機。有陷於危險之時。恰如載貨之船。遇難破壞。爲辛苦困窮之機。有實爲。慮所覆。近爲遠所隔之意。住居心身皆不安穩。有不時之憂。〇又有隱蔽之意○有危險之意。故急進亦難成就。宜循序而進。特不問何事。宜待時而行。雖有爲隔離之意。然有因人而廣受親睦之事○利害多生於意想之外○目的多難達。

第二十八機

此機有離別之意。爲始符合而終離別。又有首而無尾。有爲親者所遠之意○有外面盛而裏面衰之意。言如有信而心無實○常人大抵不宜。唯學者僧侶等則宜。或爲人所用。或有得名譽之事○先不宜而後則宜。目的其後得成就○又有因物而發之意。亦爲不意受罪過咎。獨立獨行。尤宜深慎。

第二十九機

此機有感通之意。爲物速成之機。當有意外之吉事。即自他人得助力。或

困窮遇救皆不必由己求人而人自肯親切照拂也◯目的大抵皆成就
卽偶有一見如困難之事其實行上則如不覺困難者

第三十機

此機有物生長之意又有物散失之意有思集則如散思散則又如集而
不定之象又有生生相循環而不止之義恰如無根據而物相與暫時則
又相離住居不安靜親人亦離別身心有變患唯變後卽佳◯如斯不定
之機故萬事不可以淺薄之思慮爲之須熟慮而下手◯爲新事業則不
宜與其進也寧以固守爲宜◯目的多難成

第三十一機

此機有退之意萬事不利於進而有利於退不宜於始而宜於止亦有斷
絕之意又有危意多困難思慮辨別亦無定諸事多錯誤◯目的難成就

中途有障碍。又事物雖如成就而終不見成就。反有困難。唯小事得達目的。○委託之事。亦不奏功。○又始惡後佳。

第三十二機

此機有盛生長之義。然其後爲禍。有困難苦勞。○如有花而無實。如目能見。而手不能取。貌似宜。而實不宜。有事半而失親睦之意。○屈服於人有辛苦之事。幷有怨恨或憤怒之意。○目的初雖難遂。後則自然成就。故宜愼性急。

第三十三機

此機有朝日上昇之象。漸次繁榮。有趨於立身出世之意。又有進之意。如離暗而進於明。出苦而進於樂。爲移變之時。而此移變大抵爲吉事。○自人親睦敬愛。有受長上恩惠之事。○目的終雖能達。然尚未爲進行之象。

故事少遲緩。

第三十四機

此機有傷之意又有日既沒於西山事物不能判然之意故思慮不決有失敗有困難特有意外之錯誤無論何事須要注意然外有暗象而內自明○其初大爲困窮有失敗之事後乃榮盛有立身之喜○與人之交情上或有離隔之事○縱欲從其目的奮其才智而思立身出世然此等反而爲禍宜忍耐以待時機。

第三十五機

此機有家內安寧之意故頗親睦有諸事成就之象然世人多無誠意故得此安穩者少反有憂苦○爭論等爲破安寧之基宜深愼之○立身名利等之望雖非無有然達目的則遲其初凡事不能任心致有憂慮後則

漸次親睦。而得成就。

第三十六機

此機有人心相乖異之意。故事多錯誤。有妨碍。不能如願。又有欺僞之意。常人概不宜。雖然學者等有時則宜。○心中多苦。有物散之意。有與人絕交之事。愼勿與人有爭。○小事有相利悅之意。其他目的雖能成就。然無剛正之所。故大事難成。

第三十七機

此機。有失之意。又有難之意。如龍之失珠。如人之失財寶。心身有憂慮。所謀空無所賴。爲困窮之時。雖然有始惡而後佳之意。故善謀則終得助力。所志能達。○又有事物窮屈而少依賴之意。然見危險而不進。則免危險。終且有吉。○目的悉難達。然其後則吉。○獨立獨行。不容人言。則有危險。

唯隨人而進則吉。

第三十八機

此機有患難解散之意。恰如魚之逃網。而出於大天地。又如涉川之後水尙未乾。難關遁出。尙未達安固之城。復有再逢於禍之憂。故最宜注意。○有事物相交感之意。故能得親睦或助力之人。○所思宜急行。遲滯則難達。此時宜奮發而爲事。雖然有所大得者。亦有所大損。特比機爲變去而喜尙未來之時。故宜深加注意。

第三十九機

此機爲損失之機。唯損失有時反爲善報之兆。蓋已多損而惠人之不足。損己益人。是爲吉事之兆。雖然人苟不正。則損失猶是損失也。○初雖爲惡。後得利益。又得名譽。○目的急欲成之。則難成。故從正義逐漸而進。則可成就。尚須注意者。雖有一二次之失敗。然忍耐而再三爲之。則由之萬事皆能成就。

第四十機

此機有滿而溢之意。恰如月盈而闕之狀。故常告不足。動則不安。爲有困難之時。即住所心身。不能安定。又有不慮之禍○有禍及於他之意○目的多則遠。進難不吉。退守有利。

第四十一機

此機。有過於剛強之意。又有潰敗之意。溫和柔順。則能免禍。若剛強之時。事物破壞。而致散亂。且爲人所遠○事欲急遂。則惡。又不與人計。獨斷行事。亦惡。宜柔順而忍耐○心中常不安定。目的亦有妨碍。多不成就。

第四十二機

此機有會遇之意。然非出自豫約。乃突然相會。不期而遇之意。凡事多不定。唯其不定。故亦有集聚之意。亦有散失之意。即有與意外人會合之事。又有思慮辨別不定而迷惑之事。◯有意外之幸福。有因人而立身出世之事。◯協議等亦多依人而成。◯小事吉而大事凶。初吉而後凶。

第四十三機

此機有大集之意。如物之集合而繁盛。且亦有和順而相應之意。雖爲好時機。然愼勿耽於利慾。◯與絕交之人相遇。又與離別之人相親。◯金銀財寶雖聚。然中途有障碍而不成。是多因爭而起。宜注意。◯目的大抵得達。

第四十四機

此機有進又登之意。恰如草木之在地中凌寒。今逢春暖而發育之象。於人事爲立身出世之機。尙未全吉。常有不足之意。○又有疑而不決。心中不安寧。是爲將出世之時機。故多勞苦。然漸次進於佳境。○望目的遠達。反遭失敗。宜徐徐而進。毋怠毋忽。

第四十五機

此機爲不自由而已志不通達。乃窮困之時。親者之間有勞苦。○又有赴他鄉而不安居之意。○在常人則非好機。在學者則有譽無識。○始雖有種種之障礙。然後則絕無。○目的概難遂。然非爲人所棄又爲所遠之機。故有得人救助而立身出世之事。○此機欲事速遂。則多失敗。

第四十六機

此機有不定之意。又有窮屈而憂愁之意。○萬事不宜改變。宜守舊而勤於己之職分。企新事業則惡。即有損而無益。○雖非爲人所疏遠。然有少依賴之象。○大災害亦無。○小事能成。大事不遂。○訴訟口論等不吉。

第四十七機

此機有改革之意。即捨舊謀新。故從來之事業。不爲世所用時。宜速棄之。而就新事業。○有物盡而始之意。亦有立身出世之事。雖爲好時機。然改革之時。因之而多困難。○宜愼爭論。○目的概成就。初雖難遂。然終得成。

第四十八機

此機亦爲改革之意。如以堅爲柔。煑生腥而作食物。故此機亦宜捨其舊而謀其新。○爭論宜愼。○能得親愛之友。

第四十九機

此機有怒而破物之意。又有物變動而喧鬭之意。如二龍競珠。○此機常人雖不宜。然貴人則吉。○目的有障碍。多不能遂。又始惡後佳。故愼勿性急。

第五十機

此機有止而不通之意。凡事多錯誤。有妨碍而不和順。爲少歡樂之象。〇進不利而止有利。〇又憂喜二重。事物半遂半不遂。〇雖遇困難。然有自外救助之意。有事成於豫想之外。〇爲漸次向吉之兆。

第五十一機

此機有漸進之意。如植木之漸次茂盛。有漸次向吉。立身出世之事。〇又雖有向吉之意。然尚未定。而在吉凶之間。故從正道而進。則佳。〇目的能成就。唯稍遲。

第五十二機

此機有不慮之禍。又有思慮不決而疑惑之意。如己之所有物。而不能任己之意爲不自由之時。○協議契約等。有失其期而破壞之意。當有困難。○期望有妨礙。多不達。○然又有遇之意。故非全不能達。如住所亦以不離爲吉。

第五十三機

此機爲勢盛之機。然有過分而損失之象。勢之極盛者。是爲衰之始。故有利於退而不利於進。宜於減而不宜於增。恰如花之既盛開而將散。○有意外之驚恐或損失。○訴訟爭論等宜深慎。

第五十四機

此機有困窮不自由之意。宛如在旅宿之中。不能任意。有中心不安之狀。○始宜而後惡。○小事雖成就。然大事則否。○欲速則事不成。且反窮困。宜慮及久遠之計而爲之。○心中不定。爲人疏遠。有艱難困苦。

第五十五機

此機有通達之意。所期多成就。唯有中途障碍而失敗之事◯與人共事。當能計能從。◯又有有名無實之意。故所慰雖能達。然不奏其實效◯有心身不定而迷惑之意。◯雖有遭遇困難之事。然有自外救助之意故其中之幾分爲吉。

第五十六機

此機有現喜悅之意。雖爲極好時機。然尚未全然喜悅。蓋外有喜悅之狀。而內有憂慮。爲有譽而又有識之意◯心身有憂苦。又有疑而不決◯目的初雖難成。其後則遂。大事難成。小事則遂◯有憂慮於無益之事。宜愼於爭論。

第五十七機

此機有物散解之意。為惡事離身之吉兆。然又有散亂之義。故有蒙損失之事。○心身不安。固有意外之損失或災難。就住所亦有憂慮。宜善為注意。○與遠方之交易。皆有障碍。○目的不能速達。當經時而始成。

第五十八機

此機為阻滯之機。有困窮之狀。○又物有停滯之意。萬事不宜大其規模。恐遭意外之困難。○雖有停滯之機。然涉於永久。則自能通。要之此為運拙之時機。目的多難達。

第五十九機

此機為有誠相應之意。有實無虛。故於人亦以心中正直為宜。然心中若邪。惡則與此機之本性反對。故惡有被親愛之意。如協議又與人交涉之事。當成。○有若在於內包而不發於外之意。○初惡後宜。苟能專心不變。

則目的得達。

第六十機

此機有離別之義。又有不足之意。而不能任意。雖目能視。耳能聞。然手不能取。百事難成。○雖無大禍。然有細小之勞苦。○如物滿而生不足。似達而未達。小事能成。大事不遂。爲親者所離。○宜愼於爭。

占筮類			
1	擲地金聲搜精秘訣	心一堂編	沈氏研易樓藏稀見易占秘鈔本
2	卜易拆字秘傳百日通	心一堂編	
3	易占陽宅六十四卦秘斷	心一堂編	火珠林占陽宅風水秘鈔本
星命類			
4	斗數宣微	【民國】王裁珊	民初最重要斗數著述之一；未刪改本
5	斗數觀測錄	【民國】王裁珊	失傳民初斗數重要著作
6	《地星會源》《斗數綱要》合刊	心一堂編	失傳的第三種飛星斗數
7	《斗數秘鈔》《紫微斗數之捷徑》合刊	心一堂編	珍稀「紫微斗數」舊鈔秘本
8	斗數演例	心一堂編	
9	紫微斗數全書（清初刻原本）	題【宋】陳希夷	斗數全書本來面目；有別於錯誤極多的坊本
10－12	鐵板神數（清刻足本）——附秘鈔密碼表	題【宋】邵雍	無錯漏原版 秘鈔密碼表 首次公開！
13－15	蠢子數纏度	題【宋】邵雍	蠢子數連密碼表 打破數百年秘傳 首次公開！
16－19	皇極數	題【宋】邵雍	清鈔孤本附起例及完整密碼表 研究神數必讀！
20－21	邵夫子先天神數	題【宋】邵雍	附手鈔密碼表 研究神數必讀！
22	八刻分經定數（密碼表）	題【宋】邵雍	皇極數另一版本；附手鈔密碼表
23	新命理探原	【民國】袁樹珊	子平命理必讀教科書！
24－25	袁氏命譜	【民國】袁樹珊	
26	韋氏命學講義	【民國】韋千里	民初二大命理家南袁北韋
27	千里命稿	【民國】韋千里	北韋之命理經典
28	精選命理約言	【民國】韋千里	
29	滴天髓闡微——附李雨田命理初學捷徑	【民國】袁樹珊、李雨田	命理經典未刪改足本
30	段氏白話命學綱要	【民國】段方	民初命理經典最淺白易懂
31	命理用神精華	【民國】王心田	學命理者之寶鏡

32	命學探驪集	【民國】張巢雲	發前人所未發 稀見民初子平命理著作
33	澹園命談	【民國】高澹園	
34	算命一讀通——鴻福齊天	【民國】不空居士、覺先居士合纂	
35	子平玄理	【民國】施惕君	
36	星命風水秘傳百日通	心一堂編	
37	命理大四字金前定	題【晉】鬼谷子王詡	源自元代算命術
38	命理斷語義理源深	心一堂編	稀見清代批命斷語及活套
39-40	文武星案	【明】陸位	失傳四百年《張果星宗》姊妹篇 千多星盤命例　研究命學必備
相術類			
41	新相人學講義	【民國】楊叔和	失傳民初白話文相術書
42	手相學淺說	【民國】黃龍	民初中西結合手相學經典
43	大清相法	心一堂編	重現失傳經典相書
44	相法易知	心一堂編	
45	相法秘傳百日通	心一堂編	
堪輿類			
46	靈城精義箋	【清】沈竹礽	沈氏玄空遺珍
47	地理辨正抉要	【清】沈竹礽	
48	《玄空古義四種通釋》《地理疑義答問》合刊	沈瓞民	玄空風水必讀
49	《沈氏玄空吹虀室雜存》《玄空捷訣》合刊	【民國】申聽禪	
50	漢鏡齋堪輿小識	【民國】查國珍、沈瓞民	
51	堪輿一覽	【清】孫竹田	失傳已久的無常派玄空經典
52	章仲山挨星秘訣（修定版）	【清】章仲山	章仲山無常派玄空珍秘
53	臨穴指南	【清】章仲山	門內秘本首次公開
54	章仲山宅案附無常派玄空秘要	心一堂編	沈竹礽等大師尋覓一生未得之珍本！
55	地理辨正補	【清】朱小鶴	玄空六派蘇州派代表作
56	陽宅覺元氏新書	【清】元祝垚	簡易・有效・神驗之玄空陽宅法
57	地學鐵骨秘　附　吳師青藏命理大易數	【民國】吳師青	釋玄空廣東派地學之秘
58-61	四秘全書十二種（清刻原本）	【清】尹一勺	玄空湘楚派經典本來面目 有別於錯誤極多的坊本

62	地理辨正補註　附 元空秘旨　天元五歌　玄空精髓　心法秘訣等數種合刊	【民國】胡仲言	貫通易理、巒頭、三元、三合、天星、中醫
63	地理辨正自解	【清】李思白	公開玄空家「分率尺、工部尺、量天尺」之秘
64	許氏地理辨正釋義	【民國】許錦灝	民國易學名家黃元炳力薦
65	地理辨正天玉經內傳要訣圖解	【清】程懷榮	秘訣一語道破，圖文并茂
66	謝氏地理書	【民國】謝復	玄空體用兼備、深入淺出
67	論山水元運易理斷驗、三元氣運說附紫白訣等五種合刊	【宋】吳景鸞等	失傳古本《玄空秘旨》《紫白訣》
68	星卦奧義圖訣	【清】施安仁	三元玄空門內秘笈　清鈔孤本 過去均為必須守秘不能公開秘密 與今天流行飛星法不同
69	三元地學秘傳	【清】何文源	
70	三元玄空挨星四十八局圖說	心一堂編	
71	三元挨星秘訣仙傳	心一堂編	
72	三元地理正傳	心一堂編	
73	三元天心正運	心一堂編	
74	元空紫白陽宅秘旨	心一堂編	
75	玄空挨星秘圖　附 堪輿指迷	心一堂編	
76	姚氏地理辨正圖說　附 地理九星并挨星真訣全圖　秘傳河圖精義等數種合刊	【清】姚文田等	蓮池心法　玄空六法 門內秘鈔本首次公開
77	元空法鑑批點本——附 法鑑口授訣要、秘傳玄空三鑑奧義匯鈔　合刊	【清】曾懷玉等	
78	元空法鑑心法	【清】曾懷玉等	
79	曾懷玉增批蔣徒傳天玉經補註【新修訂版原（彩）色本】	【清】項木林、曾懷玉	揭開連城派風水之秘
80	地理學新義	【民國】俞仁宇撰	
81	地理辨正揭隱(足本)　附連城派秘鈔口訣	【民國】王邈達	
82	趙連城傳地理秘訣附雪庵和尚字字金	【明】趙連城	
83	趙連城秘傳楊公地理真訣	【明】趙連城	
84	地理法門全書	仗溪子、芝罘子	巒頭風水，內容簡核、深入淺出
85	地理方外別傳	【清】熙齋上人	巒頭形勢、「望氣」「鑑神」
86	地理輯要	【清】余鵬	集地理經典之精要
87	地理秘珍	【清】錫九氏	巒頭、三合天星，圖文並茂
88	《羅經舉要》附《附三合天機秘訣》	【清】賈長吉	清鈔孤本羅經、三合訣法圖解
89-90	嚴陵張九儀增釋地理琢玉斧巒	【清】張九儀	清初三合風水名家張九儀經典清刻原本！

91	地學形勢摘要	心一堂編	形家秘鈔珍本
92	《平洋地理入門》《巒頭圖解》合刊	【清】盧崇台	平洋水法、形家秘本
93	《鑒水極玄經》《秘授水法》合刊	【唐】司馬頭陀、【清】鮑湘襟	千古之秘，不可妄傳匪人
94	平洋地理闡秘	心一堂編	雲間三元平洋形法秘鈔珍本
95	地經圖說	【清】余九皋	形勢理氣、精繪圖文
96	司馬頭陀地鉗	【唐】司馬頭陀	流傳極稀《地鉗》
97	欽天監地理醒世切要辨論	【清】欽天監	公開清代皇室御用風水真本
三式類			
98-99	大六壬尋源二種	【清】張純照	六壬入門、占課指南
100	六壬教科六壬鑰	【民國】蔣問天	由淺入深，首尾悉備
101	壬課總訣	心一堂編	過去術家不外傳的珍稀六壬術秘鈔本
102	六壬秘斷	心一堂編	
103	大六壬類闡	心一堂編	
104	六壬秘笈——韋千里占卜講義	【民國】韋千里	六壬入門必備
105	壬學述古	【民國】曹仁麟	依法占之，「無不神驗」
106	奇門揭要	心一堂編	集「法奇門」、「術奇門」精要
107	奇門行軍要略	【清】劉文瀾	條理清晰、簡明易用
108	奇門大宗直旨	劉毗	天下孤本　首次公開 虛白廬藏本《秘藏遁甲天機》
109	奇門三奇干支神應	馮繼明	
110	奇門仙機	題【漢】張子房	奇門不傳之秘　應驗如神
111	奇門心法秘纂	題【漢】韓信（淮陰侯）	
112	奇門廬中闡秘	題【三國】諸葛武侯註	
選擇類			
113-114	儀度六壬選日要訣	【清】張九儀	清初三合風水名家張九儀擇日秘傳
115	天元選擇辨正	【清】一園主人	釋蔣大鴻天元選擇法
其他類			
116	述卜筮星相學	【民國】袁樹珊	民初二大命理家南袁北韋
117-120	中國歷代卜人傳	【民國】袁樹珊	南袁之術數經典